国有企业一体推进
"三不"机制设计与实践

孔祥先 刘青海 张 彬◎著

不敢腐

不能腐

不想腐

中国言实出版社

图书在版编目（CIP）数据

国有企业一体推进"三不"机制设计与实践 / 孔祥

先，刘青海，张彬著 . -- 北京 : 中国言实出版社 , 2022.11

ISBN 978-7-5171-4214-0

Ⅰ . ①国… Ⅱ . ①孔… ②刘… ③张… Ⅲ . ①国有企业—港

口企业—廉政建设—研究—黄骅 Ⅳ . ① D630.9 ② F552.722.4

中国版本图书馆 CIP 数据核字（2022）第 198323 号

国有企业一体推进"三不"机制设计与实践

责任编辑：史会美
责任校对：王建玲

出版发行：中国言实出版社

　　　地　　址：北京市朝阳区北苑路180号加利大厦5号楼105室
　　　邮　　编：100101
　　　编辑部：北京市海淀区花园路6号院B座6层
　　　邮　　编：100088
　　　电　　话：010-64924853（总编室）　010-64924716（发行部）
　　　网　　址：www.zgyscbs.cn　电子邮箱：zgyscbs@263.net

经　　销：新华书店
印　　刷：艺通印刷（天津）有限公司
版　　次：2023年4月第1版　2023年4月第1次印刷
规　　格：710毫米×1000毫米　1/16　16.5印张
字　　数：220千字

定　　价：68.00元
书　　号：ISBN 978-7-5171-4214-0

序

一体推进不敢腐、不能腐、不想腐，不仅是反腐败斗争的基本方针，也是新时代全面从严治党的重要方略。国能黄骅港务公司作为能源央企，近年来在一体推进"三不"方面进行了摸索实践。

坚持管党治党要"抓早抓小、防微杜渐"，运用风险管理和循环管理理论指导一体推进"三不"机制设计。形成了将不想腐的思想教育优势、不能腐的刚性制度约束、不敢腐的强大震慑效能融于每项业务事项行权过程中的机制设计原理。以业务事项行权廉政风险防控为主线，以强化权力运行制约和监督为重点，运用"全周期管理"方式，贯穿事项行权事前、事中、事后三个阶段，实现事前教育引导侧重"不想腐"、事中制约监督侧重"不能腐"、事后惩治威慑侧重"不敢腐"一体运行、循环往复、持续提升。依据机制设计原理，提出了事项行权廉政风险防控"三轴联动"模型，搭建形成了"时间驱动、三维控制、多元支撑"的系统管控机制架构，通过五项具体举措提升机制落地运行的实效性。创建形成了基于业务事项行权一体推进"三不"机制载体——事项行权廉政风险防控表单，具体行权事项按照一体推进"三不"机制运行要求明确了"全周期"防控举措。有关实践成果具备了可借鉴、可复制、可推广的价值意义。

这本《国有企业一体推进"三不"机制设计与实践》，是国能黄骅港务公司通过"实践—认识—实践"推进机制建设落地生根的阶段性成果。衷心希望该书能够启发更多的读者投身到国有企业一体推进"三不"机制建设的理论研究和实践探索中来，切实推动新形势下国有企业全面从严治党工作向纵深发展。

由于水平有限，书中如有不足之处，恳请读者给予批评指正。

2023 年 3 月

目录 CONTENTS

机制设计篇

第一章 一体推进"三不"机制构建背景

第一节 构建一体推进"三不"机制的重大意义

一、一体推进"三不"是党中央的明确要求

党的二十大报告指出，坚持不敢腐、不能腐、不想腐一体推进，同时发力、同向发力、综合发力。

一体推进"三不"凝结着党的十八大以来全面从严治党的生动实践和宝贵经验总结，标志着我们党对管党治党规律的认识、把握和运用达到了新境界新水平，对腐败治理和管党治党都具有重要的引领作用。一体推进"三不"是立足于中国反腐败现实的重要政治判断和政治要求，具有客观的现实根据，符合拓展反腐败广度和深度的现实需求，正是因形势需要而提出的反腐败斗争的基本方针。一体推进"三不"从战略上深刻解答了在反腐败斗争取得压倒性胜利并全面巩固的新形势下，如何进一步深入推进全面从严治党、党风廉政建设和反腐败斗争的重大理论和实践问题。一体推进"三不"作为一种主动预防式而非被动应付式治理方式，是新时代全面从严治党的重要方略。

惩治可以形成强烈震慑，但不能内化为心灵深处的自我约束；制度和监督可以减少腐败机会，但不能让人自觉向善；教育可以使人向善，

但不能用来惩恶。它们功效不同、不能相互替代，但又密不可分、相辅相成。实践充分证明，只有一体推进"三不"，以系统施治、标本兼治的理念持续正风肃纪反腐，才能增强反腐败工作主动性、系统性、实效性。

二、构建一体推进"三不"机制，是国有企业的政治责任和现实需要

构建一体推进"三不"机制，是国有企业强"根"筑"魂"的重要内容，是推动国有企业全面从严治党向纵深发展的必然途径，是深入学习贯彻习近平总书记关于党的自我革命战略思想的有效举措。从政治上领会好、领会透党中央关于党风廉政建设和反腐败斗争的精神，牢牢把握党中央关于全面从严治党的重大方针、重大原则、重点任务的政治内涵。按照党中央指明的政治方向、确定的前进路线，把一体推进"三不"贯穿到正风肃纪反腐的全过程各方面。

在推进清廉国企建设中，需要系统的管控机制，把教育、制度、监督和惩治贯穿于经营管理各个环节，着力解决"两个责任"贯通联动不足、监督和管理"两张皮"、"一岗双责"落地效果不好、发现问题纠偏不及时、追责问责泛化虚化等问题，积极探索一体推进"三不"机制的有效载体和方法举措。通过机制建设推动持续优化政治生态、管理生态，倡导和形成对党忠诚、团结敬业、创先争优、公道正派、实事求是、艰苦奋斗、清正廉洁等价值观，引导党员干部明辨是非，形成良好的政治文化，进而提升企业"软实力"，打造高质量发展"硬支撑"。

第二节　构建一体推进"三不"机制的策略探索

一、基础环境

国能黄骅港务有限责任公司（以下简称黄骅港务公司）为国家能源集团公司下属二级子公司，注册成立于 1998 年 3 月，是由中国神华能源股份有限责任公司和河北建投交通投资有限责任公司共同出资组建的港口企业。黄骅港务公司主要负责国家能源集团煤炭的下水外运工作，全港煤炭实际下水能力达 2 亿多吨，是国家能源集团一体化产业链上的重要一环，是陕西、内蒙古煤炭外运陆运距离最短的港口，也是国家西煤东运、北煤南运的主通道之一。公司经营管理现状具有如下特点：

一是党组织垂直管理，职工中党员占比较高，发挥基层党组织监督功能的基础较好。

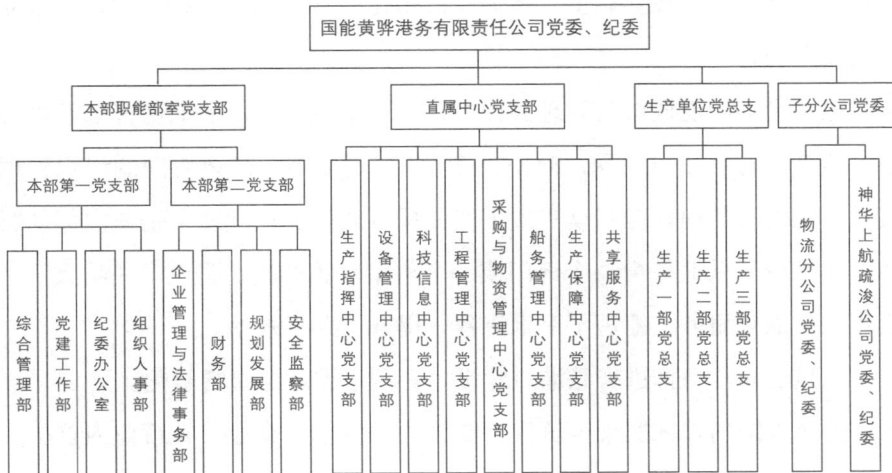

图 1-1　黄骅港务公司党组织架构图

公司党委直接管理的子分公司党委、生产单位党总支、职能部室和直属中心党支部共计 15 个，党员总数共计 416 名、在职工总数中占比达 45.7%。设立党委的子分公司均成立了纪律检查委员会，本部职能部室、直属中心党支部以及生产单位党总支均配有纪检委员。子分公司党委、生产单位党总支共计下设 22 个党支部，各支部按规定也配备了纪检委员。

二是经过近年来的机构调整和职能优化，岗位职责相对明晰，部室之间、岗位之间结合部问题少，提高了精细化管理程度。

为达到职能精、机构简、运转高效的目标，公司始终坚持"扁平化"的组织机构管理模式，近年来以本部"去机关化"为契机，在组织机构设置和业务职能划分上进行了大刀阔斧的改革。着力打造"小本部"，对本部各部室的"三定"方案重新进行了核定，将事务性业务职能进行剥离，人员编制和干部职数均精简 20%。同时推动了直属中心、生产单位的机构改革和职能调整，新增 3 个直属中心，新设 15 个、整合 2 个、撤销 2 个科级机构。深化落实"放管服"改革要求，将大物流业务从内部专业化生产单位向社会化、市场化转变，按照"市场化经营 + 职能管控"定位，成立了物流分公司。

通过管理职能调整与管理界面的优化，形成了本部职能部室、直属中心、生产单位、子分公司"8+8+3+2"的职责清晰、高效协同的组织管理模式。机构改革和职能调整实现了充分授权放权，也激发了企业内部创新活力，推行一项业务由一个部门或一个科室牵头办理，提供"一站式"专业化、精细化服务，缩短了审批流程、提升了办事效率。

三是公司全力推进智慧港口建设，有利于推进监督智慧化。

公司为国内首家实现全流程智能化的散货港口企业，在行业内首次实现基于自动操作、数字仿真、远程监控、无人值守的翻、堆、取、装全流程设备智能控制和基于"5G+"语音识别的装船机智能操控。以发挥港口在集团一体化产业链中的枢纽作用为核心，加快生产智能化调度平台建设，协同港口上下游环节的计划编制，实现对设备运行和装卸作业的一体化调度以及港口生产管理与决策分析的数字化、智能化应用。

创新提出实施基于"两平台、一体系"的智慧企业管理模式，以构建基于设备生命体征线的综合计划协同管控平台和基于业务驱动、管理融合的企业生态健康管理平台的"两平台"为核心，打造基于"点、线、面、体"的"智慧港口运营管理体系1.0"，实现以数字化转型激发业务管理展现新活力，推进企业向高质量发展迈进。

四是职工队伍年轻、学历水平高、基础素质好，理工思维特质明显，创新氛围浓厚。

公司在册合同制员工总人数911人，仅为吞吐量相当的同类企业用工人数的30%。公司目前员工平均年龄38.8岁，本科及以上学历员工847人，占比达93%，其中全日制"985""211"院校本科及以上学历人数169人，占比达18.5%。

招聘的职工多数为国内大专院校机械、电气、自动化等工科专业毕业生，善于客观、细致地分析问题，学习能力、逻辑思维能力和创新意识都比较强。

五是职工工作、居住比较集中，港口文化烙印鲜明，消息传递较快，便于相互监督。

发扬"老带新"和"传帮带"的优良传统，通过师徒结对的形式传承老一辈港务人的创业精神和专业技能，彼此之间亦师亦友，工余时间相聚而乐。公司在生产作业区和生产辅助区，为职工集中建设了工作办公场所和生活宿舍，大家"八小时内"在一起工作、"八小时外"在一起生活，工作圈、生活圈、社交圈相互交叠，方便增进相互了解，有利于信息互通传递。

根据现状公司在构建一体推进"三不"机制方面具备了良好的基础和

有利条件，同时也存在需要进一步解决的问题和不足："两个责任"没有完全贯通协同、形成合力，还未充分发挥系统作用和组织优势，需要建立上下、左右、内外协调的管控机制；党员职工党性历练、基层锻炼、社会阅历相对不足，因规章制度学习不深、政策研究不透等，存在思想上"不想为"而行为上"已为之"的风险，需要不断提升防范化解风险、解决实际问题的能力；部分职能管理人员既做"运动员"也当"裁判员"，存在个别自由裁量权过大的风险，需要强化权力运行公开，注重形成权力制约和监督机制；监督手段、监督方式和港口智慧化的要求不相匹配，不能适应港口智慧化转型趋势，需要通过信息技术推进监督智慧化；还未实现监督关口前移，监督的深度和精度不足，需要建立完善联防廉控监督体系，围绕重点领域、关键环节、关键岗位开展靠前监督、主动监督、联合监督。

二、策略探索

通过梳理分析，笔者认为在一体推进"三不"方面主要采取的方式策略有查处震慑、问题导向和风险防控。通过关口前移度、抓早及时度、监督覆盖度、全员参与度、整改主动度五个维度，对查处震慑、问题导向和风险防控三种方式策略进行了对比分析。

表1-1　方式策略对比分析表

对比维度 方式策略	关口 前移度	抓早 及时度	监督 覆盖度	全员 参与度	整改 主动度
查处震慑	弱	弱	中	强	弱
问题导向	中	中	中	强	中
风险防控	强	强	强	强	强

查处震慑和问题导向在反腐败斗争中对于坚决把增量遏制住、把存量清除掉起到了积极有效的作用。通过查处震慑、以案促改可以有效实现"三不"贯通融合，但在时机上往往依赖于处置问题线索，在监督方式上属于事后监督、被动监督，而且存在一定的违纪成本和代价。问题导向和

风险防控都能实现主动监督，问题导向侧重"治已病"，而风险防控把"治未病"摆在首要位置，因此在抓早抓小、监督覆盖、人员参与和主动整改方面都更有优势。

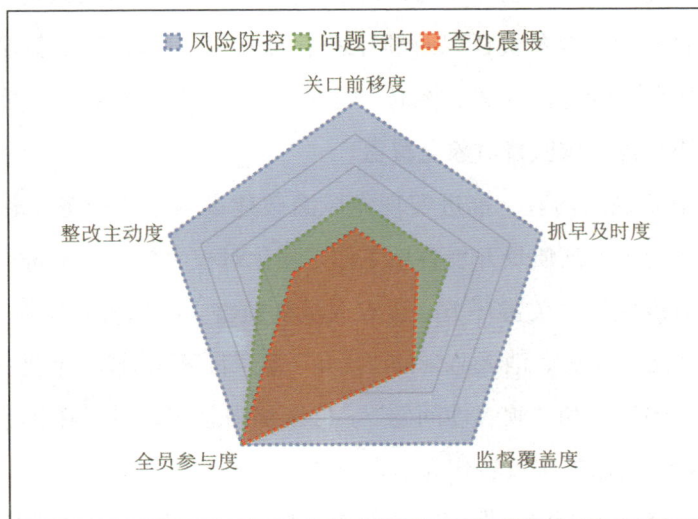

图1-2　方式策略五维对比雷达图

在反腐败斗争取得压倒性胜利并全面巩固的阶段，紧密结合公司经营管理实际现状和存在的问题不足，坚持系统思维和底线思维，增强忧患意识，提高防控能力，着力防范化解重大风险。在机制构建方式策略的选择上更要深刻把握"惩、治、防"辩证统一关系，前移监督关口、延伸监督触角、拓展监督范围、汇聚监督合力。通过对比分析可知，风险防控无疑是当前构建一体推进"三不"机制的最优策略。加强廉政风险防控，是规范权力运行的客观要求，是构建惩治和预防腐败体系的重要举措，也是统筹推进各业务领域党风廉政建设的有力抓手。

三、构建原则

一是坚持党的领导。以习近平新时代中国特色社会主义思想为指导，充分发挥公司党委把方向、管大局、促落实的领导作用，形成"党委主抓、纪委协助"系统谋划、系统提升的工作格局。有效传导全面从严治党压力，压实各级党组织主体责任特别是"一把手"第一责任人责任、各部门职能监督和业务监督责任以及领导班子成员"一岗双责"，健全各负其责、统一协调的管党治党责任格局。明确各监督主体职责定位，实现各层级、各板块、各领域监督对象全覆盖。

二是坚持融入治理。推进实现党风廉政建设与中心业务工作深度融合，在纪法约束下高质量开展各项工作。强化对权力集中、资金密集、资源富集等重点领域、关键环节、重点人员的监督，把监督融进制度规范、业务流程和岗位职责，消灭监督的"死角"和"盲区"，解决企业发展中的"短板"、"弱项"和"顽疾性问题"。持续加强思想建设、作风建设、制度建设，切实把监督实效转化为治理效能。

三是坚持标本兼治。把握好"纠正与防范"、"治标与治本"、"阶段性与连续性"的关系，既善用治标的利器，又夯实治本的基础。前移监督关口，注重惩防并举，提高主动监督、精准监督的能力。着力推动过程管控，建立行权运行嵌入式监督机制，把风险防控贯穿企业经营管理全过程，抓好整改追踪和源头防治，持续规范行权标准，确保问题整改出实效、转化成果见长效。打破监督壁垒，整合监督力量，健全完善权力大监督工作格局。聚焦突出问题，既严抓"当下改"，也推动"长久立"，努力实现取得更多制度性、机制性成果。

四是坚持持续改进。始终将自我革命贯穿企业发展全过程，融合科学成熟的管理经验方法开展机制设计与构建，与企业的组织结构、治理结构和发展目标相适应，机制运行能够实现循序往复、动态更新、持续改进，不断推进党风廉政建设和反腐败工作向纵深发展，为提升企业治理效能奠定坚实基础。

第二章 一体推进"三不"机制设计和构建

第一节 设计原理

不敢腐是前提，不能腐是关键，不想腐是根本。构建一体推进"三不"机制，必须坚持系统观念，三者要相互衔接、统筹联动、系统集成。坚持管党治党要"抓早抓小、防微杜渐"，运用风险管理和循环管理理论指导机制设计，将不敢腐的强大震慑效能、不能腐的刚性制度约束、不想腐的思想教育优势融于每项业务事项行权过程中。

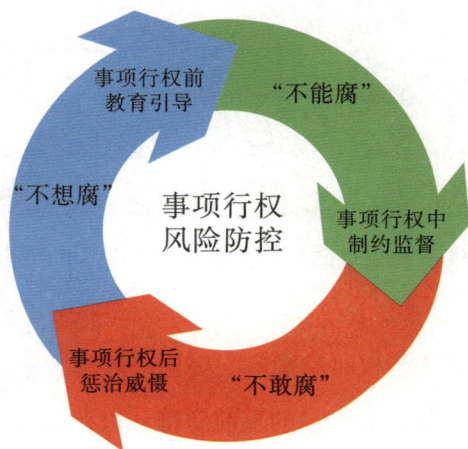

图 2-1 基于业务事项行权一体推进"三不"机制设计原理图

以业务事项行权廉政风险防控为主线，以强化权力运行制约和监督为重点，运用"全周期管理"方式，贯穿事项行权前、事项行权中、事项行权后三个阶段（以下简称事前、事中、事后），实现事前教育引导侧重"不想腐"、事中制约监督侧重"不能腐"、事后惩治威慑侧重"不敢腐"一体运行。通过每一次循环管理，不仅注重教育引导、制约监督、惩治威慑的全覆盖，更注重发挥政治监督、思想教育、组织管理、作风整治、纪律执行、制度完善在业务事项行权全过程的管控作用，实现"三不"同时发力、同向发力、综合发力。通过对业务事项行权全过程监督与纠偏，实现管党治企常抓常管、长管长严，在往复循环中螺旋式助推提升国有企业治理效能。

第二节　机制架构

基于业务事项行权一体推进"三不"机制的设计原理，建立业务事项行权廉政风险防控"三轴联动"设计模型图。

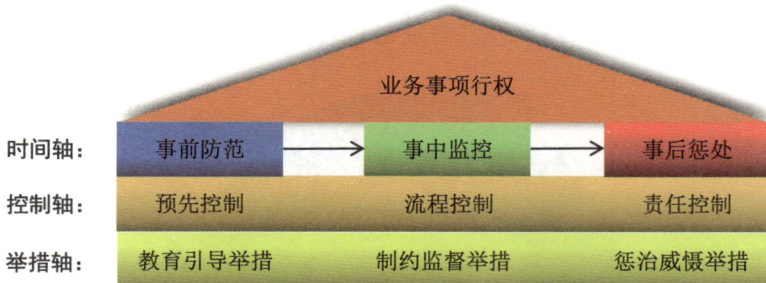

图 2-2　事项行权廉政风险防控"三轴联动"设计模型图

时间轴：按照事项行权时间顺序，突出全流程、全周期管控要素，构建以思想教育和岗前培训为先导的事前防范、以权力运行制约和监督为核心的事中监控、以追责问责为手段的事后惩处三道防线。

控制轴：按照风险控制方式分类，在具体事项行权过程中贯通运用预先控制、流程控制、责任控制手段。通过预先控制达到事前防范目的。开展行权风险辨识、风险值评估、风险控制评价、明确制度机制，注重增强"不想腐"的自觉。通过流程控制达到事中监控目的。制定工作流程和工作标准，注重扎紧"不能腐"的笼子。通过责任控制达到事后惩处目的。厘清各责任主体的责任边界，依据规章制度明确业务行权人员的直接责任，压实各部门"管业务必须管监督、管行权风险"的职能监管责任，明晰分管业务部门的公司党委班子成员的"一岗双责"，对行权失控追责问责、明确惩治后果，注重强化"不敢腐"的震慑。

举措轴：按照风险防控举措分类，统筹实施教育引导、制约监督、惩治威慑三方面举措，提升机制落地运行的实际成效。在教育引导举措方面，主要是针对性开展行权教育和岗前培训；在制约监督举措方面，主要是规范制度流程标准建设、强化权力运行公开管控、健全大监督体系；在惩治威慑举措方面，主要是精准惩处和促改促治。

按照事项行权过程将五个举措形成无缝衔接、有序推进的工作闭环。通过风险防控举措一体循环运行，推动各项措施在政策取向上相互配合、在实施过程中相互促进、在工作成效上相得益彰，达到预警提醒更及时、发现问题更精准、整改治理更有效。

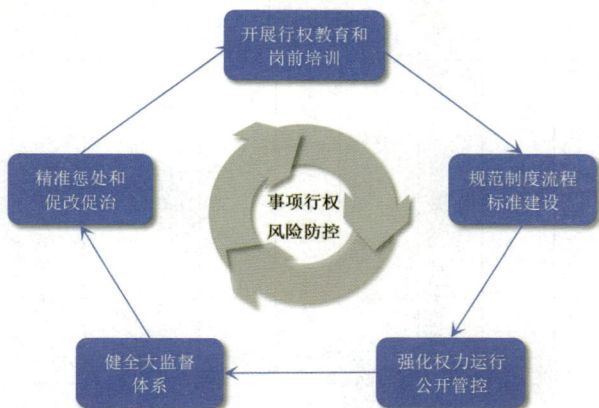

图 2-3 风险防控保障举措一体循环运行路径图

依据事项行权廉政风险防控"三轴联动"设计模型框架，时间轴横向串联控制轴，举措轴支撑控制轴与时间轴，搭建形成了"时间驱动、三维控制、多元支撑"的基于业务事项行权一体推进"三不"机制建设架构图。

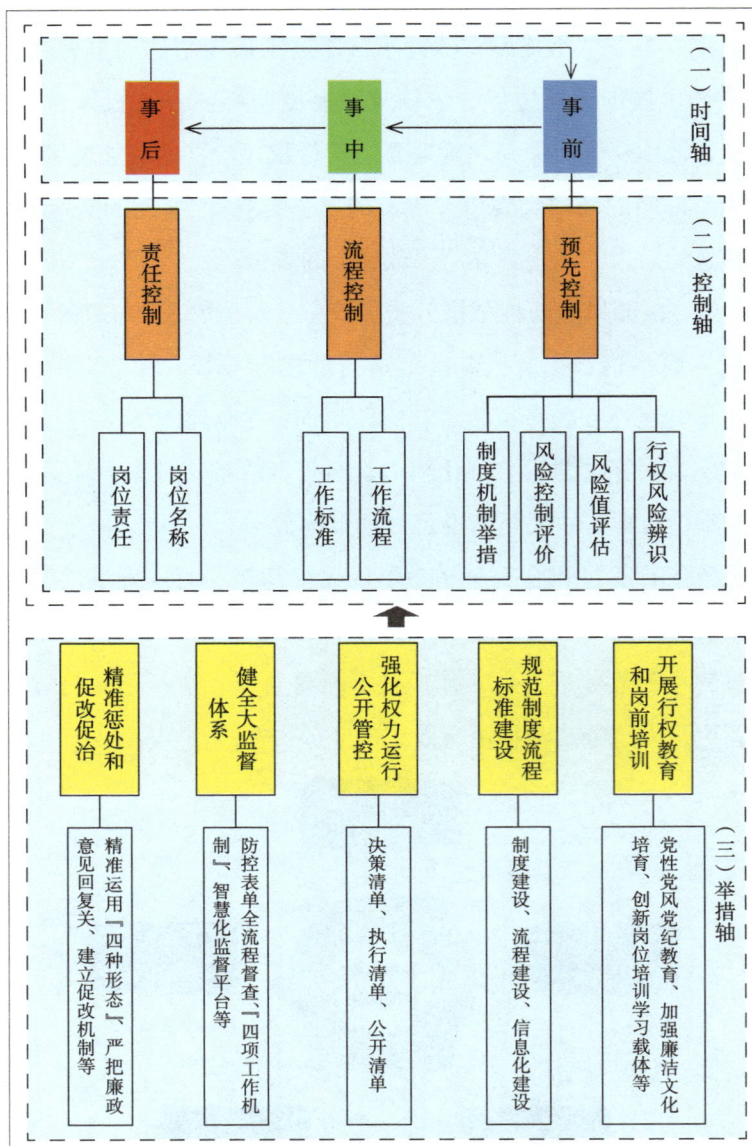

图 2-4 基于业务事项行权一体推进"三不"机制建设架构图

第三节　机制建立

一、整体部署

健全责任体系，强化组织保障，确保一体推进"三不"机制建设工作有序开展。

公司党委履行主体责任，加强对一体推进"三不"机制建设的组织领导，成立机制建设领导小组，部署下发专项工作方案，明确组织职责和工作分工。

党委班子成员履行"一岗双责"责任，按照职责分工督促分管部门和单位把业务工作和一体推进"三不"机制建设同部署、同检查、同落实、同考核。

公司纪委履行监督责任和协助职责，组织协调一体推进"三不"机制建设工作，推动完善机制设计原理和建设思路，强化对落实公司党委部署、推进机制建设情况的监督。

各直属党组织指导所辖部门开展机制建设工作，对阶段性工作成果进行研究审核。直属党组织纪检人员负责协调推进机制建设工作，强化对所在党组织所辖部门有关人员责任落实和工作作风的监督。

各业务主体部门从所辖具体业务切入，落实基于业务事项行权一体推进"三不"机制建设工作，输出工作成果。

各司其职、各尽其责，统筹形成机制建设成果后，按照所在党组织审核把关→纪委办公室汇总评定→公司党委会研究审定的程序审批后，作为企业标准发布执行。

二、实施步骤

（一）建立行权风险清单

按照"管业务必须管监督、管行权风险"的原则，由各部门组织所辖科室及全员开展岗位廉政风险排查评估工作。全面梳理负责的业务事项或承担的重要任务以及公司授权管理手册、部门职责汇编等制度，形成行权事项清单。

从重点领域、重点环节、重点岗位出发，通过自己找、互相查、领导核、组织审等方式，全面分析和排查业务行权事项中容易出现或潜在的廉政风险点，重点排查上级决策部署或督办事项执行中、"三重一大"决策执行中规定的人、财、物等关键权力运行中的廉政风险，形成行权风险清单。

（二）确定廉政风险等级

采用风险矩阵评估法评估行权风险清单任务的廉政风险。按照产生后果的严重性程度（P）和风险发生的频率（S）两个维度进行评估。两个评估维度 P 和 S 赋值的乘积即为廉政风险值 R，其简化公式为：$R = P \times S$，据此评价风险大小。

根据产生后果的严重性程度，即发生违规违纪行为的影响范围和产生的后果程度（特别重大、重大、较大、一般、较小、轻微），设定有效类别为六档（A、B、C、D、E、F）；根据风险发生的频率（随时、每周、每月、每季度、每年、每三年），设定有效类别也为六档（G、H、I、J、K、L）。按照从高到低的顺序，P 和 S 赋值依次为 6、5、4、3、2、1。

根据计算得出的风险值 R，将廉政风险等级划分五个级别，从高到低依次为：特别重大风险（30—36）、重大风险（18—25）、中等风险（9—16）、一般风险（3—6）和低风险（1—2）。依据评估的廉政风险等级，对各行权事项实施分级管控。将中等及以上廉政风险级别行权事项确定为公司级管控，将一般及以下廉政风险级别行权事项确定为部门级管控。

表 2-1 廉政风险值评估表

廉政风险矩阵	一般风险	中等风险	重大风险		特别重大风险		有效类别	程度赋值（S）		产生后果的严重性
一般风险	6	12	18	24	30	36	A	6	特别重大	在社会上造成恶劣影响；人员受到第四种形态处分；造成特别重大经济损失或安全事故
	5	10	15	20	25	30	B	5	重大	在集团范围内造成影响；人员受到第三种形态处分；造成重大经济损失或安全事故
	4	8	12	16	20	24	C	4	较大	在公司范围内造成影响；人员受到第三种形态处分；造成较大经济损失或安全事故
	3	6	9	12	15	18	D	3	一般	在公司范围内造成影响；人员受到第二种形态处分；造成一般经济损失或安全事故
低风险	2	4	6	8	10	12	E	2	较小	在公司范围内造成影响；人员受到责令检查、通报、诫勉处理；造成较小经济损失或安全事故
	1	2	3	4	5	6	F	1	轻微	在直属党组织范围内造成影响；人员受到提醒谈话、批评教育处理；造成轻微经济损失或安全事故
有效类别	L	K	J	I	H	G				
频率赋值（P）	1	2	3	4	5	6			廉政风险值评估表	
风险发生的频率	每三年	每年	每季度	每月	每周	随时				

（三）构建机制载体

依据基于业务事项行权一体推进"三不"机制架构，建立每一项行权事项的一体推进"三不"机制载体：

1. 确定需管控的业务行权事项名称。

2. 描述在业务事项行权过程中可能发生的违规违纪行为的廉政风险。

3. 评估计算实施控制措施前行权廉政风险值、确定风险等级。

4. 制定为控制行权风险而采用的针对性的制度规定、机制方法、防控手段及工具等具体措施。

5. 评估计算实施控制措施后行权廉政风险值,确定廉政风险等级,评估措施成效;每年例行回顾评价风险控制成效一次,根据日常监督情况重点评估控制措施降低风险的有效性;遇到组织机构调整、职责职权变更等情况时或发生违规违纪问题时,随时进行辨识评估。

6. 根据精简高效的原则,制定控制行权风险的具体管控环节的工作流程。

7. 制定具体管控环节中应执行的可量化、可落地、可监督、可考核的履责工作标准,包括工作时限、路径、质量要求等。

8. 确定具体管控环节中执行工作标准的直接责任人员或岗位的名称。

9. 明确行权失控应追究的岗位责任和处理结果。

将上述全部内容汇总成一张表格,形成事项行权廉政风险防控表单。

表 2-2 事项行权廉政风险防控表单

行权事项				
预先控制 事前"不想"	廉政风险			
	风险控制前评价	风险值:(频率 P×程度 S=)	风险等级:	
	风险控制措施			
	风险控制后评价	风险值:(频率 P×程度 S=)	风险等级:	
流程控制 事中"不能"	工作流程			……
	工作标准			……
责任控制 事后"不敢"	岗位名称			……
	岗位责任			……

此表单既是业务行权"目录表",也是权力运行"流程图",又是履职尽责"刻度尺",更是"三不"贯通融合一体推进的有效载体,更加直观、系统地归纳总结了权力运行风险防控事项,实现了事前、事中、事后全过程集成管理,使业务事项行权廉政风险防控从"无形"到"有形",具有了很强的可操作性。

第三章　一体推进"三不"机制运行举措

第一节　事前教育引导，筑牢"防"的堤坝

持续强化教育引导，在推进"不想"时注重发挥"不敢"的威慑和"不能"的约束，既要以案为鉴敲响"警示钟"，也要坚持教育在先常念"紧箍咒"、预防在先勤打"免疫针"。

一、增强政治自觉

作出党性党风党纪教育融入日常、抓在经常的常态化制度化安排。坚持学懂弄通做实习近平新时代中国特色社会主义思想，保持政治清醒，增强对标看齐的政治自觉。

（一）强化理论引领自觉

一是针对领导班子建立"第一议题"学习制度。将党中央重要指示特别是关于国有企业党建和改革发展重要部署作为对标对表"第一议题"。各级党组织负责人及班子成员，及时跟进学习习近平总书记系列重要讲话精神和重要指示批示精神，针对集体讨论研究的重大事项、重要问题和重点工作，制订"第一议题"学习计划。开展研判决策，实现理论学习与科学决策紧密结合，完整、准确、全面贯彻新发展理念，切实发挥把方向、管大局、保落实的作用，提升自觉运用习近平新时代中国特色社会主义思

想武装头脑、指导实践、推动工作的能力。

二是针对中层干部建立学习交流培训机制。举办中层干部辅导培训班，重点开设党史学习教育、企业治理与风险防控等相关课程，把讲政治的要求贯穿学习工作全过程，提高政治站位、强化履职尽责。开展贯彻落实党中央精神专题研讨、"当一天矿工"等系列主题党日活动，引导干部常怀敬业之心、常思在岗之责，把理论学习、交流思考的成效转化为兴企治企的政治能力。以创先争优的紧迫感谋实新发展格局落地举措，带头转作风、抓落实，把学习思考认识体会转化为"在其位、谋其事、负其责"的担当意识。

三是针对基层党员建立"四微"学习模式。充分利用碎片化时间提升党员教育覆盖面，通过"微党课"学党务、"微朗读"学原文、"微故事"学榜样、"微分享"学心得，全方位、多角度引导基层党员自觉主动学、及时跟进学、联系实际学，补足广大党员理想信念之"钙"，切实筑牢拒腐防变思想防线。

（二）强化践行使命自觉

建立"学党史守初心、强党性担使命"长效化教育机制，实现党史和企业发展史学习教育与党风廉政教育同频共振、有机结合。

举办首届"沧海杯"微电影节。把"深入推进党史学习教育，学好企业发展奋斗史"作为微电影拍摄的核心主题，结合企业发展历程深入挖掘先进典型事迹，全面展示黄骅港全体党员干部职工的精神风貌和担当作为。让广大党员职工在自编自演过程中身临其境地学习，让微电影拍摄成为生动的主题教育课堂和深刻的主题教育素材，增强干事创业的使命感、责任感和荣誉感。

开展"党课大比武"优秀党课展播活动。发挥基层党组织书记在学习教育中的"领头雁"作用，练好讲党课这门基本功，提升自身作为"一把手"的政治素养、理论水平和开展支部工作的能力，根据所辖业务和支部品牌建设特点讲好党建引领业务的生动实践和宝贵经验，提升基层党组织教育管理党员的能力，积极引导广大党员发挥先锋模范带头作用，提高立足本职岗位践行初心使命的自觉。

（三）强化监督管理自觉

针对如何落实中央八项规定精神、持续巩固纠治"四风"成果等，聚焦党委班子成员、中层管理人员和重点岗位人员，组织开展全面从严治党落地实务系列专题教育，旨在提升广大党员干部职工政治纪律和政治规矩意识，增强"管业务必须管监督、管行权风险"的责任意识。

专题教育从新时代全面从严治党的目标、任务和要求展开，结合公司实际，详细阐述了政治风险级别高与低、纪律底线在哪里、监督重点有哪些、监督机制如何搭建、信访举报如何处置、容错纠错怎样实施等内容。采用对比方法、分析具体案例，重在讲清楚前移监督关口的必要性和现实性，讲明白在经营管理中如何分级实施"红脸出汗"，强化形成前移关口、规范履职、防范风险、协同作战的监督共识。

专题教育从"三重一大"、往来接待、节日走访、会议组织、车辆用管、员工培训、工会经费、奖金补贴、婚丧嫁娶、招标投标、选人用人、先进疗养、差旅管理、疫情防控等多个易违纪的"点"逐一切入，讲清了中央八项规定精神与经营管理、日常履职、整治"四风"的关联关系，并注重结合"负面行为"案例从纪检监督的视角分析了各业务领域的监督重点，引导党员干部主动强化制度执行、风险防控、监督管理意识。

二、增强思想自觉

加强廉洁文化培育推动廉洁教育入眼入耳、入脑入心。引导党员职工牢固树立正确的权力观、政绩观、事业观，增强廉洁从业、廉洁用权、廉洁修身、廉洁齐家的思想自觉。

（一）强化廉洁从业自觉

因时施教，加强干部任前提醒和任中教育。党委书记、纪委书记分别对新提拔干部开展任前谈话和廉政谈话，督导其提高政治站位、筑牢纪律防线、谨记初心使命、认真履职尽责，夯实明规守纪、知责有为的思想基础。分管领导围绕工作作风、履职尽责、风险防范等内容，有针对性地开展日常谈心谈话。

因事施教，加强关键节点和对苗头性问题的提醒教育。聚焦重大节日，结合上级通报典型案例和经营管理实际，对领导班子及中层干部开展节前集体约谈；结合节日特点和风险研判，列出负面行为清单，"点对点"推送廉洁提醒信息，打好节日"预防针"。在收到信访举报或监督检查中发现个别岗位人员存在苗头性问题，及时批评教育、防微杜渐。

因人施教，加强关键岗位和新入职员工的管理教育。各直属党组织根据所辖业务特点，紧盯重点领域和关键环节，对相关岗位人员定期开展廉政风险防控专题培训。针对新到岗员工刚进入岗位、不了解风险、容易冲动等特点，结合党规党纪、规章制度和岗位案例组织开展岗前廉政教育第一课，系好工作岗位上的"第一粒扣子"。

（二）强化以案为鉴自觉

一案一警示坚持"四不放过"。责任单位召开专题组织生活会，开展"现身说法"式教育：原因未剖析清楚不放过、整改措施未制定不放过、责任人未作深刻检查不放过、党员职工未受到教育不放过。让处分决定"一张纸"变成廉政教育"一堂课"，引导党员职工从违纪案件中汲取教训、举一反三，把自己摆进去、把职责摆进去、把工作摆进去，努力实现"一人得病、全员免疫"的目标。

一案一通报注重"以案四说"。发布典型案例通报，运用曝光警示"利器"，以"案中人"点醒"身边人"，用身边"活教材"敲响纪律"警示钟"。以案说纪，注重严明纪律底线、维护纪律刚性，以六大纪律和中央八项规定精神为尺进行深入解析，体现责任追究的严肃性和惩戒性；以案说法，注重强化法治宣传、提升法治意识，引导党员干部职工尊法学法、守法用法；以案说德，注重落实党中央、企业党委的决策部署要求，引导党员干部首先提高政治站位，严守政治纪律和政治规矩，从工作、生活各方面体现良好品行，始终立政德、严私德；以案说责，注重夯实各级党组织、各部门、各岗位人员党风廉政建设责任意识，督促反思当前履职尽责工作中存在的漏洞，进一步细化风险防控措施。将党纪党规、法治德治教育贯穿始终，强化警示震慑效应、放大警示教育效果，达到查处一案、警醒一片、治理一域的目的。

（三）强化崇廉尚洁自觉

开展"碧海清风黄骅港"廉洁文化品牌建设，多形式、多途径推动廉洁文化建设沉下去、浸人心、显效应。深化"一单位一阵地"建设，形成廉洁小桌牌、廉洁文化墙、廉洁图书角、廉洁活动室、廉洁视频展示区等板块，使党员干部在耳濡目染中自觉接受廉政教育。广泛征集廉政漫画、廉政书法作品、廉政小故事等廉政主题文化作品，通过画廉、写廉、读廉等喜闻乐见的形式，让广大党员职工积极参与廉洁教育活动。推出一批廉洁文化"精品工程"优秀作品，通过网站、内刊以及新媒体等媒介加强广泛传播，更好发挥廉洁文化的引导作用，切实增强廉洁自律意识、筑牢廉洁思想防线。

重点建立了"微电影"推廉机制。创新廉洁文化载体、拓宽警示教育路径，借力新媒体手段推动廉政教育细致入"微"。聚焦党规党纪、研判行权履责风险，组织广大党员职工自编自演廉政教育系列微电影，通过情景化、视觉化的宣教手段实现"编中学"、"拍中思"、"观中悟"。

聚焦借用管理服务对象车辆、违规使用公车、不吃公款吃老板、违规收受礼品礼金、借婚丧喜庆事宜敛财、出入私人会所、接受高消费娱乐安排、违反值班纪律、着工装出入餐饮娱乐场所引发负面影响、酒驾醉驾、插手招投标项目、违反疫情防控政策等易发频发问题，将违规违纪行为情节情景化、具体化，使党纪条规易于理解、便于对照。

所辖直属党组织全部参与，密切结合所在单位实际，研判廉洁风险、编写微电影剧本、全程组织拍摄。广大党员、职工踊跃参与剧本讨论、主动出演相关角色，在构思创作中对照党规党纪细致揣摩剧情设计，实现"编中学"；在拍摄过程中追求表演逼真到位，违纪行为还原真实，实现"拍中思"；观看者对照党规、对照剧情、代入自身、反思查摆，实现"观中悟"。

及时将微电影通过微信、抖音等新媒体进行推送，广大职工家属和外委单位职工自觉接受了廉洁教育，共同筑牢廉洁防线，实现了教育提升"全覆盖"。用"微"教育凸显"大"效应，在潜移默化中实现廉政教育接地气、零距离、常态化，形成人人学廉、守廉、宣廉、促廉的浓厚氛围，持续提升风险意识、强化红线意识、树牢底线思维。

三、增强行动自觉

探索创新岗位培训学习载体提升依规履职行权能力。着力增强纪律规矩意识强化提高定心、定神、定行之力，以知促行、知行合一，打造政治过硬、责任过硬、纪律过硬、业务过硬、作风过硬的一流员工，将依规依纪依法履职行权内化为行动自觉。

（一）强化依规履职自觉

组织业务主管人员和专职纪检人员，自主编写基于党规党纪和企业管理规章的实务案例学测培训教材。依据各业务领域的相关法规制度分门别类编写案例题目，涵盖中央八项规定精神、《中国共产党纪律处分条例》"六大纪律"和企业内部规章制度，将"明文规定"转化为案例"生动场景"，突出党纪条规的实践性、指导性与应用性。案例注重强化对违规违纪问题的定性分析，紧密结合业务管理实际，研判业务招待、培训学习、员工疗养、费用开支等事项行权过程中可能发生的苗头性、倾向性问题，对容易判定错误的违纪种类加强辨识引导。编写人员在构思设计实务案例题目过程中强化学习掌握了党纪条规，也进一步提升了风险辨识、业务监管的能力。

将培训教材应用于各直属党组织所辖党员职工的强纪学规季度测考，提升了党风廉政教育的针对性和实效性。通过实务案例题目模拟具体的违规违纪情景，引导党员职工独立思考分析，提升风险防控和制度执行能力。通过线下集中闭卷测考或线上推送"每日一题"的形式，持续拧紧广大党员职工学法规、用法规、守法规的思想发条。坚持"以考为练、以讲为练"，考中引发思考，考后解疑释惑，形成"学、考、思、讲"的递进强化培训模式。同时，培训教材也作为党员职工自学自测、自律自省的"案头书"，持续提升对照检查、举一反三的能力。

（二）强化爱岗敬业自觉

建立专题讲堂培训机制，组织开展道德讲堂、制度讲堂、青年讲堂、业务讲堂。将专题讲堂作为转作风、促履责、提能力的重要载体，变被动灌输为主动汲取，实现"要我听"到"我要听"再到"我来讲"的转变。

道德讲堂由基层党组织先进模范主讲，通过静听一首歌曲、重温一段故事、观看一部视频、分享一份感悟等环节开展沉浸式道德宣讲，加强社会公德、职业道德、家庭美德和个人品德建设，以德立身、以德促行。

制度讲堂由管理规章制度撰写人主讲，重点对制度条款进行解读，阐述条款制定的背景、依据和目的，提示有关风险，引导党员职工自觉维护制度权威、提高遵规守纪的自觉。

青年讲堂由青年业务能手主讲，立足岗位职责、围绕业务流程，传授工作经验、分享履职心得，引导青年职工树立争先创优意识、立足岗位建功立业。

业务讲堂由各部门、单位的党员职工代表主讲，每期确定一个讲授主题，围绕业务和岗位履责的具体内容，自觉思考、规范执行、查找偏差、总结提升。增强解决实际问题的自觉，提升高质量完成工作的能力。

（三）强化刀刃向内自觉

加强纪检人员自身履责用权规范化、正规化，以自我革命精神坚决防止"灯下黑"。建立"请进来"教、"走出去"学、"讲实务"练、"述专责"评四位一体履责培训模式，全面系统解决不想为、不敢为、不会为的问题，引导全体专兼职纪检人员知责于心、担责于身、履责于行。

一是邀请专家学者开展辅导培训，坚持把学习党内法规与内控建设贯通起来，编制《可视化监督执纪流程图解和标准文书库》，绘制 8 类业务流程图，规范 49 项文书模板，成为纪检人员手中的操作指南，提升监督执纪标准化、规范化水平。二是赴知名院校进行集中封闭式培训，坚持问题导向，推动教育保障由"等米下锅"向"点菜上桌"转变，针对人员队伍存在的监督制度运用不熟练等问题，精心挑选、精心设计兼顾理论性、针对性、应用性的培训课程，学习内容涵盖纪检工作"全流程"，注重理论实践"全方位"。三是坚持每季一个专题，实施"理论学习＋模拟演练"实务强训。通过"我的业务我来讲"，纪检专职人员走上讲台，从具体业务环节切入，结合监督制度、标准文书和典型案例，"手把手"分享监督执纪工作技巧，以讲促学倒逼钻研业务知识，以练促做提升依规依纪履责能力。四是每季度开展一次基层纪委书记、纪检委员"述责晒评"活动，公司纪委书记现场进行考评指导，总结监督成效、分享经验做法、强化交流学习，有效促进纪检人员规范履职用权。

针对纪检队伍中兼职人员多、办案经验少的客观实际，实施"四全四促"实务强训新模式，有效弥补短板弱项。全员覆盖促交流：组织全体专兼职人员参加一季一专题"理论学习＋模拟演练"，从典型案例入手，就拟定谈话函询和初核方案、审查取证等进行交流学习，针对不同环节特点，采取分组对抗、组队汇报等形式进行实操训练，推动以老带新、共学共进。全位体验促掌握：实行"谈话人员"与"谈话对象"角色扮演，模拟谈话场景和问答过程，通过正、反两种角色对比揣摩掌握谈话心理、谈话氛围以及谈话技巧等，强化规范制作谈话笔录，落实"走读式"谈话安全保障措施。全链模拟促执行：全链条模拟受理处置问题线索，根据参考标准模板，独立起草完成全流程工作文书，包括处置方案、审批签报、审查报告等，从字词、数字、语法等方面提示公文写作规范，督促严格履行审批手续、严谨细致制作文书。全程指导促提高：公司纪委书记全程观摩、"一对一"点评，全面总结请示审批、证据链条、定性量纪、文书规范等方面存在的共性及个性问题，深入浅出地教授监督执纪工作技巧，使参训人员对依规依纪履责充分认识、对"错误示范"记忆深刻，在"学思践悟"中增强监督执纪业务素质和实战能力。

第二节　事中制约监督，发挥"治"的功能

持续强化制约监督，在推进"不能"时注重吸收"不敢"、"不想"的有效做法，既要健全完善务实管用的长效制度机制，也要增强监督力度精度、维护制度的刚性权威。

一、扎牢制度流程标准笼子

规范制度流程标准建设，坚持用制度管人管事管权，通过管理制度化、制度流程化、流程信息化，夯实内控管理，严格职责权限，强化权力制约。

（一）制度建设

从制度立项、引入、审查、会签、执行五个环节，强化精准堵塞漏洞，全面提升制度体系的完备性和可靠性。

一是强化顶层设计。按照运营管理的不同分工，将公司全部业务划分为一级业务领域和二级业务领域，并逐级明确了归口管理部门，形成了职能分配表。以职能分配表为基础构建了层级明确的表格化职责体系，按照"有责必有规"的原则指导各单位做好制度立项计划。

二是强化定向引入。建立"新法速递"机制，确保法定之规"定向引入、精准转化"。公司法务人员及时跟进法律变化，每月月底通过"北大法宝"等权威法律平台，汇总本月已发布或次月即将生效的法律法规，检索与公司业务相关的法律、行政法规、司法解释、部门规章、行业规定及地方性法规和地方部门规章，从中摘录公司经营业务必须遵守的法律条文，并从业务管理角度解读法律条文，关注外部监管要求，提出法定要求的转化建议。通过提示函的形式将法定要求转化建议"点对点"发送至相关业务主责部门，要求在限定时间内通过采取新增或修订制度、规范流程或制定标准等方式，将法定要求转化为公司内部管控标准，为依法合规开展业务提供指引。

三是强化专业审查。将法务审核、内控审核作为制度审查的必须环节，增强合规识别与制度管控的互动，强化制度"立改废"过程中的合法性和合规性审查，检验评估制度体系的完备性和依从性。注重制度的专业审查，设置了专职人员负责制度管理，重点对制度间的钩稽关系进行审查，增强制度之间的协同性，既避免出现制度间的互相冲突又确保不同业务模块的制度有序衔接，避免出现制度的盲区。

四是强化意见征集。结合公司组织架构实际，注重部门之间的职能衔接，提升制度的可操作性、可执行性。注重上下联动，制度归口管理部门通过公告、部门发文等多种途径在适当范围内广泛征求党员职工的意见，并在制度审批前通过制度管理系统组织适用部门会签确认。严密防范因职责不清造成推诿扯皮、效率低下、制度执行不彻底等不作为、不愿为等问题。

五是强化执行督查。构建了制度主办部门主抓、制度管理部门业务监督、定期回顾评价的监督机制。制度主办部门对经营管理中相应业务按制度规定进行常态化管理，审查相关程序、记录是否符合规范，并定期组织专项检查；制度归口管理部门不定期对主办部门制度运行状况进行抽查，监督业务主管部门落实管理职责；制度定期评估以年为周期组织开展，由制度归口管理部门组织各单位对现行制度的缺陷、规范性等方面进行综合评估，评估结果作为制度年度建设计划的重要依据，形成了制度管理的循环反馈机制，保障制度体系的科学、合规、高效。

（二）流程建设

以强内控、防风险、促合规为目标，试点先行、全面铺开流程建设。以物资管理为试点，开展流程建设专项工作，累计梳理"1+N"流程106个，融合岗位职责、工作时限、制度规范等内容，为保障业务规范运转提供坚实保障。在吸收流程建设试点经验的基础上，选择相对成熟、程序稳定、合规要求高的业务部门开展流程建设工作，累计建立"一事一流程"99个，为促进相关部门业务合规提供支持和保障。在流程建设过程中，对制度进行了重新剖析和审视，找出制度缺陷，有效嵌入运营风险，起到管理助推器的作用。流程建设从全流程、全要素、全角度梳理各业务环节，将合规高效经营目标细化到具体业务，实现各项工作运转"轨道化"管理。完善了不相容岗位职责分离、授权审批、反舞弊工作重点和关键环节，进一步提升了投资决策管理、会计基础规范管理、资产管理、预算管理、合同管理等的合规控制水平。

（三）信息化建设

运用信息化手段将内控管理要求固化到业务管理全过程，并对重点业务流程进行实时监控。

建设实施一体化集中管控系统（ERP）。贯通全产业链，实现人力资源管理、财务管理、物资管理、燃料及销售管理、设备管理、项目管理六大业务模块的一体化集中管控，将企业管理制度和业务流程在 ERP 系统中进行固化，形成了系统的管理框架体系和标准，促进相关业务处理透明化、精益化和规范化。

建设实施内控风险管理信息系统。按照《企业内部控制基本规范》及18 项配套指引要求，制定有针对性的风险应对方案，并根据业务风险变化情况完善应对方案、提升内控效果，防止风险由"点"扩"面"。创建自动分类预警监控指标（KRI）46 个，按季度开展风险指标监控，对指标正常率偏低、连续报警、临界报警和风险事件频发单位，分析风险成因、变化趋势、预警响应处置，提出风险管控建议。将控制节点和控制要求固化嵌入信息系统，确保业务线上流转、工作全程留痕、控制实时跟进，确保业务风险管理信息化、可视化，通过"人防人控"向"技防技控" 的转型升级有效拧紧相互衔接、相互制约、相互监督的岗位流程制衡链条。

二、扎牢权力运行公开笼子

强化权力运行公开管控，进一步建立健全权力清单制度，形成决策科学、执行坚决、监督有力的权力运行机制。

搭建行权管控的有效载体和平台，使行权过程置于各级党组织和广大党员职工群众的监督之下，实现权力运行公开、行权过程管控。

（一）工作机制

制定《公司权力运行公开"阳光工程"建设实施方案》，搭建了"党委统一领导，纪委牵头抓总，直属党组织各司其职，相关单位密切配合"的工作机制，公司上下两级实现同步谋划、同步试点，有序推进"决策清单"、"执行清单"、"公开清单"的梳理完善。明确各级领导干部、岗位人员行权用权的标准，以及各业务主体开展行权过程管控的依据，使决策权、执行权、监督权运行实现相互协调。

（二）建设路径

推动完善权力运行决策清单，根据提升治理效能的要求和公司三年改革行动的成果，对公司原内部授权管理相关规定中的决策主体、决策内容和决策流程进行了全面梳理，推动新增了董事长专题会决策机制，进一步完善了股东会、党委会、董事会、董事长专题会、总经理常务会等决策机制和权责关系，形成了涵盖18类114项决策事项和决策流程的《公司决策事项清单》。

系统建立权力运行执行清单，由公司纪委牵头，各基层党组织配合，各职能部室和单位协同，依据原有的221项制度和推动新增的70项制度，梳理了8个职能部门、8个直属机构、3个生产单位、1家子公司、1家分公司共201项行权事项。对涉及434个岗位的102项中、高风险行权事项，明确行权标准1089项、岗位责任870项；同时按照分管范围，将102项行权事项与两级领导的"一岗双责"挂钩，推动以单明责、照单履责、依单问责。

依法依规整合权力运行公开清单，依据党内法规、国家法律和公司规章，系统梳理公司在管理经营中涉及"人、财、物"应该公开的信息和涉及员工切身利益的信息，明确了4个层级123个行权事项的公开范围、公开方式、公开载体、公开周期、责任主体和制度依据。

三、扎牢大监督体系笼子

健全大监督体系，以党内监督为主导、与企业治理相契合、与外部监督相结合，促进各类监督力量整合、工作融合，强化对权力监督的全覆盖、有效性，形成"全员参与、全程控制、全面覆盖、全网关联"多位一体的监督体系。

全员参与，重点是坚持以党内监督为主导统领其他各类监督。全程控制，重点是协调各业务职能管理部室将监督嵌入重点领域和关键环节，贯穿决策执行全流程。全面覆盖，重点是紧盯各级"一把手"和领导班子，实现对责任领导、责任部门和责任人员的全面监督。全网关联，重点是加强监督信息化建设，通过建设智慧监督平台打破信息壁垒、实现业务职能管理数据互联互通，依托互联网和信息化技术实现"全过程旁站式无感监督"。

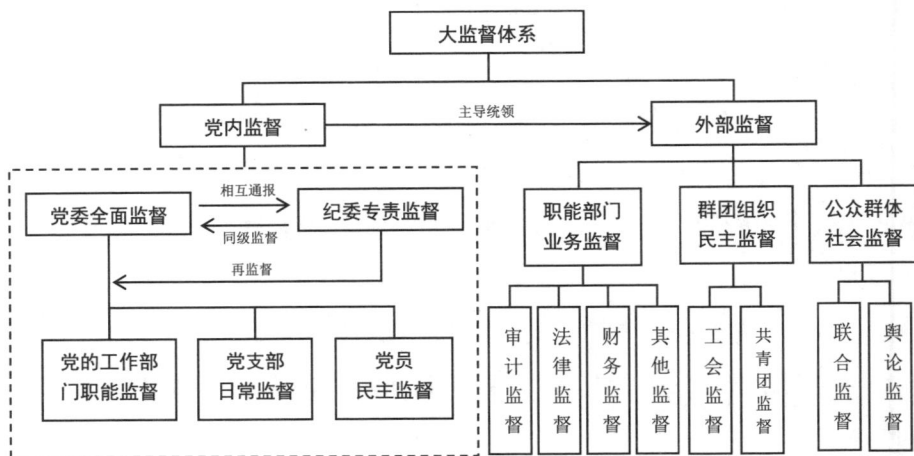

图 3-1　大监督体系图

（一）"1个抓手＋4项机制"工作法

发挥纪委协助职责和专责监督作用，探索实施"1个抓手＋4项机制"工作法，以廉政风险防控表单全流程督查为抓手，建立完善风险防范、信息共享、协同应对、沟通会商4项工作机制。强化业务职能管理部门的监督支撑作用，积极发挥职能监督、业务监督之所长，发挥其一线监督管理职能，推动党内监督与审计监督、法律监督、财务监督、其他业务监督等外部监督有机贯通、相互协调、形成合力。

风险防范机制。坚持监督融入治理，嵌入业务全流程和各环节，构建职能监督、业务监督和专责监督贯通协同、整体发力的监督机制，提高监督的广度、深度和精度。公司纪委督导各职能部室、直属机构和生产单位每月选取管辖业务范围内廉政风险较高的行权事项，结合风险防控表单进行全流程、全岗位、全要素的监督检查。各部门、单位所在党组织的纪检委员对防控表单全流程监督情况进行再监督。在此基础上，纪委办公室根据对行权风险的分析研判，每月也选取廉政风险较高的行权事项并结合防控表单开展"靶向"全流程再监督。通过开展两级监督，持续推动"管业务必须管监督、管行权风险"的理念落地落细，持续验证行权廉政风险防控表单的管控效果，及时发现问题、处置问题、解决问题。

信息共享机制。以企业生态健康管理平台为支撑，创新推动信息化管理，实现计划制订、执行管控、成果共享全面上线、闭环管理。一是精准制订计划，瞄准廉政风险点，逐月制订监督计划并形成年度计划，做到内容、时限、责任人、计划成果一目了然。二是强化执行刚性，紧盯计划执行率，借助平台三级预警＋任务督办＋完成考核等功能，有力有效督促按时完成月度监督计划，保证年度任务100%落实。三是共享监督成果，每月线上提报监督成果，通过平台共享监督发现的问题，纪委办公室实时甄别违规违纪问题线索。

协同处置机制。旨在提高监督质量、提高协同处置能力，实行本部职能部室、直属机构和生产单位季度报送监督发现的突出问题，全面报告监督事项、发现问题和处理建议。发挥专责监督作用，畅通反馈渠道，由公司纪委办公室统一收集，着力强化对报送突出问题的分析研判、沟通反馈、分类处置，贯通落实党组织主体责任、主管部室职能监督和业务监督责任、分管领导"一岗双责"。对涉嫌严重违纪问题，根据情况及时启动联合监督执纪。

```
┌──────────────┐      ┌──────────────┐      ┌──────────────┐
│ 本部职能部室、直属机 │ ───→ │ 公司纪委办公室  │ ───→ │ 开展权力执行清 │
│ 构、生产单位每季报送 │      │ 收集、研判     │      │ 单全流程再监督 │
│ 监督发现突出问题   │      └──────────────┘      └──────────────┘
└──────────────┘
        ↑
┌──────────────┐
│ 向有关部门发送   │
│ 《廉政风险提示函》 │
└──────────────┘
┌──────────────┐      ┌──────────────┐      ┌──────────────┐
│ 向所在党组织发送  │ ←── │ 纪委书记批准    │ ←── │ 起草监督报告   │
│ 《纪律检查建议书》 │      └──────────────┘      └──────────────┘
└──────────────┘
┌──────────────┐
│ 向分管领导发送   │
│ 《责情专报》    │
└──────────────┘
```

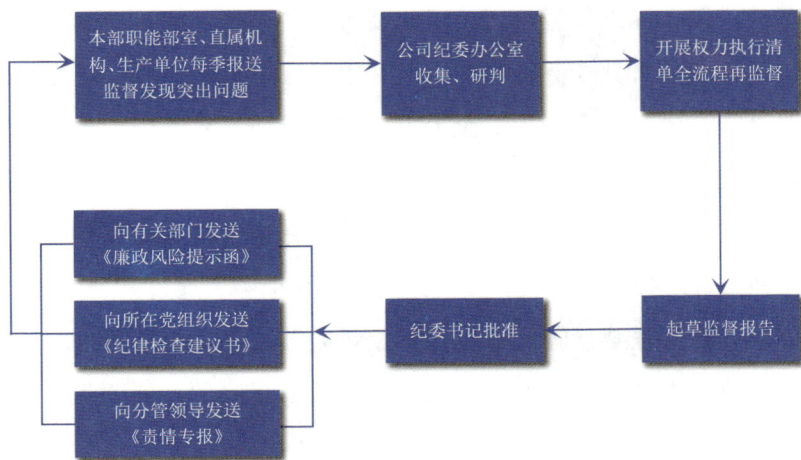

图 3-2　监督发现问题协同处置机制工作流程图

沟通会商机制。公司纪委定期组织召开专题会议，加强沟通会商，各部门、单位相互交流业务职能管理监督成效及经验做法，分析监督思路和方法存在的不足，解决监督过程中遇到的难题与困惑，谋实监督点位和监督计划。加强整体通报，专设问题线索受理处置情况通报议程，分领域分类别通报纪检机构受理并办结的问题线索情况，提醒督促各业务主责部门加强对主管业务领域相关线索、案件的剖析，深挖细查监管缺陷、制度漏洞等深层次问题，针对关键岗位、关键环节研究提出加强廉洁风险防控的意见和建议。

（二）建设数字智慧化监督平台

随着监督工作量逐渐加大，发现了行权与监督存在时间差、抓早抓小的效果还没有做到最好、监督手段与公司生产智慧化程度不相匹配等问题。运用信息化技术赋能织细织密大监督体系笼子，建立预警惩治联动机制，加强对隐形变异、翻新升级等新特征的分析研究，提高及时发现、有效处理问题的能力。

进一步打通与企业生态健康管理平台等公司各业务信息系统的数据联

通渠道，通过对风险点数据进行计算分析，自动预警行权过程中的异常数据。业务主责部门对预警信息及时响应，对苗头或倾向进行纠正，对问题或偏差进行整改，倒逼业务主责部门强化监督；纪检机构对预警信息和业务主责部门处置情况进行深入分析研判，结合预警领域、频次、等级等情况确定再监督重点，提升专责监督质效；监督的总体情况及时向公司党委反馈，突出问题和监督建议及时向公司党委及班子成员通报，协助党委提高全面监督的质量，真正实现"两个责任"贯通联动，达到 1+1>2 的效果。

智慧监督平台核心功能架构包含 4 个子系统，分别为综合管理系统、行权监督系统、纪律监督系统、动态智慧分析系统。

智慧监督平台核心功能架构图			
综合管理系统			
纪检门户	监督要素		廉洁文化
行权监督系统		**纪委监督系统**	
＜经营管理业务领域＞		＜中央八项规定精神＞	
流机管理	任务执行	车辆管理	招待管理
三重一大	拖轮油耗	培训管理	疗养管理
采购管理	招标管理	差旅管理	……
工程管理	合同管理	综合监督	
财务管理	人事管理	第一种形态	
资产管理	物资管理	一书一函一报	
预算管理	安环管理	一岗双责	
OA 效能	外委管理	廉情监督	
投资管理	……	考核评价	
动态智慧分析系统			
领导驾驶舱	政治生态评估	关键信息推送	智慧决策

图 3-3　智慧监督平台架构图

（1）综合管理系统：聚焦纪检综合管理工作，围绕纪检门户规划打造集纪检门户、监督要素、廉洁文化等于一体的综合管理模式，助力纪检综合管理工作水平提档升级。

（2）行权监督系统：建立起事前预警提醒、事中跟进监督、事后评价分析机制。行权监督系统对接各业务系统抓取关键业务数据，通过监督规则对业务数据进行动态分析，自动预警风险，对于经营管理中的违规、异常行为能够实时发现、及时叫停。运用数字化信息技术，针对业务关键环节，开展"全过程旁站式无感监督"，让监督工作由被动变为主动。

（3）纪律监督系统：围绕中央八项规定精神要求，覆盖车辆使用、业务招待等多个监督场景，结合公司贯彻落实中央八项规定精神相关管理制度和业务数据情况，定位关键风险，设计监督规则，实现动态风险监控。在此基础上，聚焦行权监督"后半篇"，将纪检机构线下"第一种形态"、"一书一函一报"等监督促改流程机制移至线上，形成信息化监督闭环运行机制。

（4）动态智慧分析系统：通过内置大数据动态分析评估模型对系统各功能模块的运行情况开展量化评估，并将分析、评估结果按管理层级推送给相关领导，为指挥决策、改进管理提供参考，赋能企业经营。

（三）大监督工作格局

1. 党委全面监督

（1）严格落实党委会议事规则。

党委会是落实全面从严治党要求，充分发挥党委领导核心、政治核心作用的根本途径，是保障党委参与企业重大决策的主要方式，是落实党风廉政建设主体责任的关键环节。发挥党委在国有企业治理中"参与决策、推动执行"的基本职能，严格落实党委会议事规则，讨论和决定企业重大事项，把好政治方向、改革方向和发展方向，使党的理论和路线方针政策在国有企业得到坚决贯彻。坚持重大决策、重要人事任免、重大项目安排、大额度资金使用都必须经过党委会前置审议。凡属应当由党委会会议讨论和决定的事项，按照集体领导、民主集中、个别酝酿、会议决定的原则，由集体研究决定，有效防止"一言堂"现象，真正实现集体决策制度化、民主化，也从根本上保障了党组织发挥把方向、管大局、保落实的政治功能。

（2）强化同级监督和对下级党组织监督。

公司党委每半年专题研究全面从严治党工作，分析本单位政治生态等情况。每半年听取一次党委委员履行"一岗双责"抓党建工作情况汇报，对存在的问题及时研究解决。

党委委员加强对分管范围的领导人员、关键岗位人员的廉洁从业教育和日常监督，发现苗头性、倾向性问题及时提醒、纠正。每半年至少研究分析一次分管领域存在的廉洁风险、漏洞和问题，积极采取措施防范和解决。落实领导人员联系点制度，每人负责联系、督导一个基层党组织。深入基层和生产一线进行调查研究，听取联系单位党组织负责人和分管部门负责人工作情况汇报，每年至少与分管部门、联系单位负责人谈心谈话一次。

2. 纪委专责监督

（1）强化同级监督。

结合公司纪检机构设置情况，研究制定《加强纪委对同级党委及其班子成员、纪检委员对党支部及其支委委员监督工作办法》，压实1个责任、突出2个重点、抓实10项机制，切实增强贯彻落实《关于加强对"一把手"和领导班子监督的意见》（以下简称《意见》）的针对性和监督的精准性。明确同级监督专责职责和领导机制，确保监督主体相对独立，同时将同级监督职责下压一级，为公司两级纪检机构落实落细监督责任提供有效制度保障，推动上下形成监督合力。

如表3-1所示，同级监督方式及具体内容主要有：

表 3-1　同级监督方式及具体内容统计表

监督方式	具体内容
情况通报反馈	纪委书记向党委书记、纪检委员向党支部书记定期或不定期通报上级纪检组织重要决策部署、监督中发现的普遍性问题和突出问题、政治生态研判等情况，提出从严治党方案和建议，协助和监督党委切实履行主体责任。
工作沟通交流	坚持多听多看多问，有效延伸监督触角，多渠道、多维度了解掌握领导班子成员、支委委员担当作为、工作作风、廉洁自律等日常表现情况。
日常谈话提醒	纪委书记经常与领导班子成员就其分管领域、纪检委员经常与支委委员就其分管业务存在的苗头性、倾向性问题进行反馈和提醒，督促其严格履行"一岗双责"，就其自身存在的问题及时咬耳扯袖、红脸出汗。
参加列席会议	纪委书记参加党委会、总经理常务会、采购与招标领导小组会，列席董事会、监事会、专业委员会以及研究决定生产经营管理重大事项的其他会议，对违反党规党纪、组织原则、决策程序的，及时提出意见；纪检委员参加支委会，列席经理办公会等，对违反党规党纪、组织原则、决策程序的，及时提出意见。
发送责情专报	公司纪委通过专项监督和日常动态监督，及时发现党委及班子成员在履行全面从严治党主体责任、分管领域"一岗双责"过程中存在的不足和差距，采取专报形式向公司党委委员反馈。
问题线索处置	畅通信访举报渠道，拓展问题线索来源，发现同级党委主要领导干部的问题，直接向上级纪检组织报告。对信访举报较为集中的业务领域，及时向其班子分管领导反馈提醒。发现支委委员及其他中层干部的问题，直接向上级纪委报告。对信访举报较为集中的业务领域，及时向分管该业务的支委委员反馈提醒。
请示报告工作	加强与上级纪检组织的日常联络，及时请示报告工作。建立情况报告制度，每半年向上级纪检组织报告综合工作、专项工作，对发现的重大问题和有关重要监督事项，及时向上级纪检组织报告。
批评和自我批评	坚持实事求是、出于公心、与人为善原则，利用民主生活会或组织生活会、述责述廉会等平台，对班子成员、支委委员提出批评意见，监督被组织谈话函询过的班子成员、支委委员按规定说明情况或作出自我批评。
开展述责述廉	督促本单位领导班子成员、支委委员及其他中层干部每年按照上级纪检组织的要求，就执行政治纪律和政治规矩、履行管党治党责任、推进党风廉政建设和反腐败工作以及执行廉洁纪律等情况进行述责述廉，并监督做好评议工作。
廉洁画像评价	纪委书记就上一年度领导班子成员、纪检委员就上一年度支委委员履行全面从严治党主体责任、执行民主集中制、廉洁自律等方面的情况，进行实事求是、客观公正、从严从实的评价，并按规定及时上报上级纪检组织。

压实 1 个责任：压实全面从严治党政治责任，推动"两个责任"贯通协调，强化党内监督。突出 2 个重点：在监督对象上突出"关键少数"即两级党组织"一把手"和领导班子，在监督内容上突出政治监督，紧紧围绕《意见》中提出的"五个强化"细化了 7 个方面 35 项监督要点，找准监督"坐标"、盯紧政治"象限"。抓实 10 项机制：情况通报反馈机制、工作沟通交流机制、日常谈话提醒机制、参加列席会议机制、责情专报机制、问题线索处置机制、请示报告工作机制、批评和自我批评机制、述责述廉机制、廉洁画像评价机制。

"责情专报"是推进同级监督的一次创新探索，以"主要问题＋整改建议"的形式"点对点"发送至领导班子成员，并跟进监督推动真抓实改，进一步压实"一岗双责"，提升履责针对性和监督实效性。

"廉洁画像评价"作为同级监督成果的集中展示平台，通过日常监督了解及时收集整理画像资料，从政治建设、履行职责、廉洁自律、存在的问题 4 个方面明确 13 个要点，见人见事见细节，全方位勾勒细描"五官"，提升画像"清晰度"。

如表 3-2 所示，7 个监督方面 35 项监督要点具体为：

表 3-2　同级监督方面及具体要点统计表

监督方面	具体要点
遵守党的政治纪律和政治规矩	①是否牢固树立党章意识，自觉用党章规范一言一行，坚决做到政治信仰不变、政治立场不移、政治方向不偏。 ②是否学习贯彻习近平新时代中国特色社会主义思想，不断增强"四个意识"、坚定"四个自信"、做到"两个维护"。 ③是否始终保持清醒头脑，持续增强政治敏锐性和政治三力，严格做到"五个必须"，坚决防止"七个有之"。 ④是否严格遵守党的其他政治纪律和政治规矩。

续表1

监督方面	具体要点
落实上级决策部署	①是否增强"四个意识",在贯彻落实党中央的决策部署上不打折扣、不做选择、不搞变通。 ②是否牢固树立新发展理念,全面贯彻落实集团公司"一个目标、三型五化、七个一流"发展战略,加快建设世界一流企业。 ③是否紧紧围绕公司建设世界一流企业总体部署,结合本单位实际细化实化,落实高质量发展要求。 ④是否树立正确的业绩观,坚决防止对党中央、集团党组和公司党委决策部署不敬畏、不在乎、喊口号、装样子,或讲速度不讲质量、讲权力不讲责任等情况。 ⑤是否存在其他与落实上级决策部署要求不相符的情况。
履行全面从严治党政治责任	①是否把全面从严治党作为分内之事、应尽之责,按照新时代党的建设总要求,层层落实责任。 ②是否坚持把全面从严治党工作与创建世界一流企业工作紧密结合,一起部署,一起落实,一起检查,一起考核。 ③是否定期研究、分析、汇报分管领域内全面从严治党工作,紧盯关键领域、重点岗位、重点人员,做到真管真严、敢管敢严、长管长严。 ④是否严格按照述责述廉要求,如实报告执行政治纪律和政治规矩、履行管党治党责任、推进党风廉政建设和反腐败工作以及执行廉洁纪律情况,认真检视反思,积极整改落实。 ⑤是否存在其他履行全面从严治党政治责任不到位的情况。
严肃党内政治生活	①是否带头贯彻民主集中制,严格执行领导班子议事决策规则,认真落实"三重一大"事项(党支部所辖单位部门重要事项)集体决策制度,坚决防止搞个人专断、一言堂或个别授意、私下交易等情况。 ②是否自觉参加"双重组织生活",认真汇报思想和工作,严肃开展批评和自我批评,主动接受党员群众的监督,以实际行动带动组织生活会的开展。 ③是否在民主生活会或组织生活会上把群众反映、巡视巡察反馈、组织约谈函询的问题说清楚、谈透彻,不隐瞒、不回避。 ④是否坚持党内谈话制度,对苗头性、倾向性问题,党组织负责人是否及时提醒谈话。 ⑤是否存在其他与严肃党内政治生活要求不相符的情况。

续表 2

监督方面	具体要点
加强和改进作风建设	①是否严格落实中央八项规定及其实施细则精神、集团公司党组"46条"和公司党委"46条"，以上率下、以身作则，带头反"四风"、改作风、树新风。 ②是否存在特权思想，脱离群众、高高在上，贪图享乐、满足现状，将个人利益置于党、企业和员工群众之上等情况。 ③是否存在干事创业精神萎靡、懒散松懈，不敢担当、得过且过，对党的路线方针政策、上级决策部署阳奉阴违，说一套做一套的情况。 ④是否存在工作方法浮于表面、惟文惟会，习惯于以会议贯彻会议、以文件落实文件，搞过度留痕、文山会海等情况。 ⑤是否存在其他与加强和改进作风建设要求相悖的情况。
落实选人用人规定	①是否严格落实党管干部原则，树立正确用人导向，坚持德才兼备、以德为先，着力培养和选拔"对党忠诚、勇于创新、治企有方、兴企有为、清正廉洁"的好干部。 ②是否突出政治标准，纠正选人用人"四唯"问题，落实"凡提四必"，严把选人用人政治关、品行关、作风关、廉洁关，有效防止"带病提拔"。 ③是否树立管思想、管工作、管作风、管纪律的从严管理意识，全方位加强干部管理，管好关键人、管到关键处、管住关键事、管在关键时。 ④是否存在任人唯亲、封官许愿、搞亲亲疏疏，或者跑官要官、买官卖官、档案造假、近亲繁殖等违规用人情况。 ⑤是否存在其他违反选人用人规定的情况。
廉洁自律	①是否依法用权、秉公用权、廉洁用权，是否存在利用职权或职务影响搞权力寻租，插手干预重大事项，谋取个人利益或侵害职工群众利益的情况。 ②是否认真落实履职待遇、业务支出等规定，是否存在用公款报销个人消费支出等情况。 ③是否严格教育管理亲属和身边工作人员，落实《关于严禁领导人员亲属和其他特定关系人在集团公司系统内从事经济活动的规定》，坚决防止靠企吃企、利益输送等情况。 ④是否如实报告个人有关事项，及时报告个人及家庭重大情况，不漏报、不虚报、不瞒报。 ⑤是否严格落实婚丧嫁娶等方面的规定，及时报备。 ⑥是否存在其他违反廉洁纪律方面的情况。

（2）强化廉政档案管理。

廉政档案是反映和评价管理人员政治素质、道德品质、廉洁从业等情况的重要参考依据。坚持"五化"标准严格廉政档案管理，做实做细监督职责基础性工作。一是档案管理制度化，制定管理人员廉政档案管理办法，从人员范围、建档资料、存档管理等方面规范廉政档案管理，提升规范化管理水平；二是提报管理责任化，坚持"谁提交谁负责"的原则，明确档案的建立、提报、收集等方面的责任主体，形成档案管理责任链条；三是档案内容动态化，明确"活材料"动态更新管理机制，确保档案内容既全面完整又及时准确；四是存档管理专业化，安排专人负责，配备保密柜和档案室，严防失泄密风险；五是数据管理信息化，建立数字化廉政数据采集平台，既提高档案管理工作效率，又为风险预警、精准监督提供有效数据源。

管理人员全覆盖。立足公司机构精简、垂直管理的特点，在建立中层干部廉政档案的基础上，将公司党委管理的科级干部和相对应职级的技术序列人员纳入廉政档案管理范围，做到应建尽建。

完善档案资料。廉政档案内容涵盖个人基本信息、问题线索处置、纪律处分和组织处理、人事任免、述责述廉、经济责任审计以及各类专项廉洁申报材料等方面信息，立体化、全程化展现党员干部"廉情"底数。主要包括如下 11 个方面的内容：

①本人如实填写《个人廉洁情况申报表》，将执纪审查、监督检查中发现的较为重要的情况纳入申报范围。为防范"靠企吃企"风险，补充本人、配偶、子女及其配偶经商办企业的情况；为防范兼职取酬，补充本人从事劳务所得情况；为加强家风家教，补充配偶、子女及其配偶被司法机关追究刑事责任的情况。

②问题线索和处置情况。包括信访举报、巡视巡察、监督检查发现、审计、安全监察及其他方面移交的问题线索和处置情况，开展谈话函询、初步核实、审查以及其他工作形成的有关材料。

③违规违纪受到纪律处分和组织处理、追责问责情况等。

④任免情况、年度述职报告与中层干部考核情况、因不如实报告个人有关事项及其他违反组织人事纪律和规定受到处分处理的情况等。

⑤离任审计和经济责任审计情况。

⑥年度述责述廉报告及民主评议情况。

⑦党风廉政意见回复材料。

⑧落实全面从严治党"两个责任"、党风廉政建设"一岗双责"的情况。如贯彻落实上级决策部署、执行民主集中制、执行中央八项规定及其实施细则精神、廉洁风险防控等方面，因公司党委、纪委监督检查发现履责不力问题受到处理的情况等。

⑨在组织（民主）生活会上作出说明的情况。

⑩本人受到刑事责任追究，以及违反国家法律法规、违反单位或者其他社会组织的规章制度而受到处分或组织处理的材料。

⑪其他反映个人廉洁自律情况的资料，包括管理人员礼品（金）上缴/拒收情况、办理婚丧喜庆事宜情况、亲属和其他特定关系人在集团公司系统从事经济活动情况、利用名贵特产谋取私利情况等。

提升管理标准。廉政档案实行一人一档管理，实行"年度更新＋随时补充"动态管理机制。廉政档案原则上每年进行一次集中整理，内容要根据个人有关情况变化及时进行报送、更新、补充。坚持协同建档，协调党建工作部、组织人事部、企业管理与法律事务部等责任部门，在全方位采集干部廉政信息的同时，相关部门对各自提供的廉政档案内容进行审核，确保及时、准确和完整。本人填写的廉政档案材料经审核发现与事实不符或不清楚的，要求管理人员本人及相关负责部门对相关内容做出书面说明，并视情况进行调查，书面说明及调查情况一并进入管理人员廉政档案。

强化档案应用。将廉政档案广泛应用于干部选拔任用、评先评优、业绩考核、代表推荐、职称评定等党风廉政意见回复工作，对档案中关于干部的信访举报、监督发现问题线索处置情况等有关数据信息进行汇总分析，抓准"个性"、掌握"全貌"，及时、准确、完整地勾勒出党员干部"廉洁曲线"。长期监督、动态研判干部的成长及履责情况，对违规违纪苗头性、倾向性问题早发现、早提醒、早纠正，使其成为干部成长的"体检表"和"正衣镜"，为开展干部日常监督、及时掌握廉洁从业情况、精准研判政治生态提供有效载体。

3. 各部门职能监督、业务监督

（1）党风廉政建设和反腐败协调机制。

在公司党委统一领导下，公司纪委负责组织协调，成立党风廉政建设和反腐败工作协调小组，吸纳党的工作部门和重要业务职能管理部门为成员单位，包括党建工作部、组织人事部、综合管理部、纪委办公室、企业管理与法律事务部、财务部、采购与物资管理中心。协调小组组长由纪委书记担任，协调小组办公室设在纪委办公室，负责协调小组的日常工作。

各成员单位协调落实党委全面监督的工作部署，负责职责范围内的监督工作，既负责对本部门本单位的内部监督，又负责对本系统本领域的职能管理监督；着重对各级党员领导干部行使权力、履行职责进行监督，发现问题线索及时向协调小组组长报告。

党建工作部着重加强对直属党组织日常监督和党员民主监督落实的监督；组织人事部着重加强对领导干部选拔任用、履职用权、"八小时外"的监督；企业管理与法律事务部和财务部分别负责运用审计监督、法律监督和财务监督手段，综合管理部和采购与物资管理中心分别负责在业务招待和采购工作中发挥监督作用，着重对领导干部廉洁用权进行监督，及时防范化解廉洁风险；纪委办公室负责落实纪委专责监督的工作部署，加强对其他成员单位落实监督责任的再监督。

（2）法律监督。

①规范合同管理。制定《公司合同管理办法》，细化合同管理职责，确立"承办负责制"，增强业务部门的主责意识；优化审核会签程序，增加相关业务部门的审核会签，全面提升合同条款的合法性；完善合同履行、变

更及解除程序，增强业务部门对合同履约障碍预判力及应对能力，妥善处理合同履约纠纷；增加合同追责条款，强化制度的刚性约束力，确保合同管理要求落到实处。编制《合同管理操作手册》和《合同审查规范指引》，给承办部门拟定合同文本提供重点提示，指引业务人员规范高效承办合同，提升合同签约质量，降低合同履约风险。逐步完善合同范本，保障了合同规范性和审核质量；依托法律管理信息平台，参与合同谈判、提级审查子公司重大合同，及时修正法律风险条款，维护公司合法权益。加强合同签署、变更程序、合同履行及结算等环节的监督检查，防范合同履约法律风险。

②严把合法审核。优化完善法律审核机制，将合法性审核前置风险业务关键环节，实现关键业务审核法律达标100%，保障公司决策的合法性和制度的法律依从度。优化《公司法律事务管理制度》，建立总法律顾问列席重要决策会议机制，提升依法决策水平，降低决策法律风险。建立合规审查机制，编制《公司合规管理办法》，以"管业务必须管合规"原则，设置分工合作、各有侧重的合规审查机制，强化业务前端的合规要求审查，规范法律部门合法审查指引，融合业务和法务双层审查，预控业务违规风险。编制《公司法定代表人授权委托书管理规则》，严格统控业务对外授权委托书手续，防范无授权、授权不明的法律风险。完善《公司关联交易管理办法》，严把关联人士识别和关联交易预算管控两环节，强化关联交易的内控监督，杜绝"未批先交易、超批复额度交易"等违规行为的发生。

③发挥保障作用。为全面增强法律风险防范能力，提升合规经营水平，开展全业务领域的法律风险辨识，建立了涵盖重要业务、重点环节和关键岗位的法律风险信息库，为业务合规提供规范指引。充分发挥法律顾问"合规参谋"作用，提供法律咨询及出具法律意见，把控重大法律合规风险，同步建立法律咨询台账，跟进咨询业务进展，提供过程性法律支持

服务，协助业务部门合规推进业务。

（3）审计监督。

①扎实开展建设项目审计。采取"工程结算审计＋全过程跟踪审计"相结合的审计模式，重点关注项目前期审批程序、基建财务管理、违规签订合同、转包和违规分包、概算外项目、项目结决算滞后等事项，克服了"事后审计"单一查错纠错的不足，发挥事前参与、事中控制、事后评价功能。推行审计业务例会制度，由企管法务部、审计单位、建设部门等定期沟通协调全跟踪审计过程中遇到的问题，不断强化对建设项目跟踪审计的统筹管理。

②推进专项审计全覆盖。紧紧围绕公司党委要求和决策部署，结合公司内部管理情况，突出重点领域、重点环节、重点岗位审计"全覆盖"。检查内容覆盖公司招标采购管理、合同管理、工程管理、设备管理、资金管理等90余项二级职能，有序组织开展落实"三重一大"决策执行、拖欠民营企业账款、深化设租寻租、工会经费、财务资金、企业年金等方面的监督检查，督促公司各单位提高贯彻落实重大政策措施的主动性、积极性，提升依法依规开展业务工作的能力和水平。

③全面推行经济责任审计。以"五年审一遍、任期审一次"为原则，制订所属单位中长期滚动计划，进一步规范经济责任审计内容。重点关注贯彻落实党和国家重大经济方针政策和决策部署，财务收支和经济运行风险防范，发展规划制定、执行和效果，重大经济事项决策和内部控制制度的执行和效果，以及落实党风廉政建设责任和遵守廉洁从业规定等情况。

④加强审计结果整改运用。一是建立审计结果通报机制。加强审计结果的综合汇总和分析提炼，将审计结果通过专题会议、专题报告等方式予以通报，规范通报的内容、程序和范围，除涉及依法保密的内容外，有效促进被审计单位及早认领问题、主动预防问题。建立被审计单位主动公开

机制，约束被审计单位公开的范围、时限、途径及整改结果，自觉接受监督检查。二是建立审计发现问题整改落实机制。加强对审计发现问题的整改跟踪督查，完善整改清单"销号"机制，明确整改标准，严格审核把关，重点关注是否有效整改、真正整改，对于虚假整改、消极整改的，严肃问责。督导被审计单位对审计发现的典型性、普遍性、倾向性问题和提出的审计建议进行分析研究，查找问题根源，及时清理不合理的制度和规则，建立健全有关制度规定。

（4）财务监督。

①提升会计基础管理。制定《公司会计基础工作规范》、《公司财务内部牵制管理办法》、《公司负责人履职待遇、业务支出管理办法》等财务相关制度规范33项，紧盯工程项目结算付款、费用报销、领导人员职务消费、银行账户及资金管理等重点风险环节，明确了会计核算业务的审批权限、流程及标准，通过财务ERP信息系统、银行网银系统实现了不同岗位之间的相互牵制，确保财务制度有效落地执行。

②加强资金风险管控。通过集团统建司库管理系统，集中管控公司银行账户、资金计划、融资、对账、担保等业务的过程管控及审批。落实集团资金集中管理要求，月度平均资金归集率达到97%以上，资金流向实现了集团公司在线监管；细化资金计划管控，按照下发的预算项目编制年度资金计划，根据预算实际需求进度滚动编制月度资金计划，未提报月度资金计划的预算项目，无法启动资金支付流程，每月分析通报各成本中心资金计划执行率；定期分析测算现金流量情况，落实应收款项催收责任，严格审核并执行合同约定支付收款方、期限、进度等相关条款要求，统筹安排生产经营资金和投资项目资金需求，通过提前归还贷款本金、协商降低存量贷款利率等措施，公司带息负债余额、资产负债率持续降低，达到17.06%的较低水平，债务风险安全可控；采用财务信息系统线上必输设置与线下人工复核的双重设置，强化对项目结

算、报销审批关键节点的财务合规性监督审核，切实有效防控企业廉洁风险。

③推进业财联动。一方面，实行业财联络员派驻机制，财务全员到各直属机构、生产单位、子分公司兼职"业财联络员"，全面提升财务人员综合素质，增强财务管理支持和过程监督能力。通过全面了解、学习各单位的业务流程和管理模式，推动财务管理数智化转型协同创效和风险防控。另一方面，定期开展会计基础工作规范检查。采取公司财务系统各岗位交叉互查、财务负责人不定期抽查、联合内控审计部门组成专项检查组等多种形式，每季度对公司本部及子分公司开展会计基础工作规范自查，检查范围不限于内部控制、资金管理、资产管理、税费管理、合同结算、收入成本确认等内容，通过自查互查和专项检查，持续提升会计基础工作规范化标准化，保障企业依法合规经营。

4. 直属党组织日常监督

（1）健全日常监督职责。

党支部书记是党支部推动全面从严治党第一责任人，纪检委员履行专责监督责任，其他支部委员要履行"一岗双责"，对负责业务领域内党风廉政建设工作负主要领导责任，加强分管业务领域内的廉政风险防控，以及党员的教育管理监督等工作。

（2）明确日常监督重点。

围绕政治建设、责任落实、作风建设、廉洁从严、问题整改等方面，针对违反党章党规党纪及法律法规、落实上级决策部署和工作安排不积极不主动、支部委员对全面从严治党工作不重视不安排、自查自纠不深入等问题加强监督，对监督检查中发现的苗头性、倾向性问题，积极主动运用"第一种形态"予以处理处置。

（3）实践创新监督方式。

定期监督检查支部党员大会、组织生活会等有关会议，查看党支部贯彻落实"第一议题"、支部委员及党员干部履职情况。围绕上级决策部署及支部所在部门重点工作安排监督检查,既包括针对具体工作的专项检查、风险排查,也包括专项问题的自查自纠。多措并举开展党务公开,保障党员干部及群众对党支部工作的知情权、参与权和监督权。通过谈心谈话、民主评议等形式,了解党员、群众对党员干部履职情况的意见。

5.党员职工民主监督

(1)完善制度保障。

制定完善了《党务公开工作实施办法》、《厂务公开工作实施办法》、《职工代表大会实施办法》、《职工代表大会代表提案征集管理办法》等规章制度。明确了公司党务厂务公开的内容、范围、方式和程序,编制了公司党委和直属党组织两级党务公开的目录。坚持将职代会纳入公司治理结构,涉及职工切身利益的重要事项通过职代会广泛征求职工群众意见。完善职代会运作机制。重点把好代表身份构成关、议题确定关、议案审议关、大会决议关,确保职代会审议建议权、审议通过权、监督评议权落地。建立职工代表巡视检查机制。在职代会闭会期间,职工代表通过向有关部门询问、查阅资料、提出合理化建议等形式,对职代会各项决议、决定执行和提案落实情况进行监督检查,督促相关部门对有关问题进行及时改进。

(2)开展民主评议和述责述廉。

各直属党组织每年定期召开党员大会,从政治思想建设、班子和队伍建设、作风和纪律建设、制度执行、发挥作用、服务群众等方面对党组织班子进行民主评议,同步开展党员互评。全体党员听取党组织负责人现场述职,中层管理人员、科级干部、党员代表通过集团"智慧党建"平台对其进行民主测评。组织全体中层管理人员述责述廉,从遵守政治纪律和政治规矩情况、履责情况、个人廉洁自律情况、存在的问题及改进措施等方面规范报告模板,采取"书面述"与"现场述"相结合的方式,党组织班子成员和党员代表现场听取述责述廉情况，将述责述廉材料归入管理人员廉政档案。

6. 公众群体社会监督

为充分发挥社会监督作用，推动企业信息公开工作制度化、规范化，建立了公司面向社会公开事项清单，细化了对外公开事项内容，明确了16项对外公开事项的公开方式、载体、周期、时限、制度依据等，依法依规接受社会监督；公司每年组织相关责任单位编制企业社会责任报告。报告主要从基本信息、党建引领、公司治理、责任治理、市场绩效、社会绩效和环境绩效等方面，介绍公司在责任管理体系、党风廉政、合规经营、改革创效、能源保供、高效生产、安全环保、科技创新、关爱员工、地企建设及社会公益方面的工作情况，通过公司官网、公众号、行业协会发布会等平台进行发布，主动接受社会监督。

将监督触角由企业内部向外部有效延伸，打通与业务协作单位联合监督的路径，主动接受协作单位监督，促建"亲""清"业务合作关系，共同守护风清气正的业务往来氛围。加强党风廉政建设契约化管理，将《廉洁自律协议书》作为合同附件，与协作单位共同承诺、互相监督，明确在加强廉洁自律方面的义务与违约责任。建立《党风廉政建设联合监督实施办法》，明确了五种联合监督方式以及监督重点，着力解决协作单位监督力量分散、监督点位不清、信息反馈不畅等问题。通过与协作单位监督力量互借、监督信息互通、监督成果互用，加大廉洁风险联防联控的合作力度和互动频度，强化了对党员职工在业务合作过程中廉洁从业、依规办事、正确履职等情况的精准监督，实现内部监督与外部监督的有机结合，扩大了监督"广角"，汇聚了监督"力量"。如表3-3所示，主要采取以下方式开展联合监督：

表 3-3 联合监督方式及具体内容统计表

监督方式	具体内容
工作沟通交流	港务公司直属党组织及业务主责部门（即合同承办部门）可采取到协作单位调研等方式建立日常沟通机制，有效延伸监督触角，多渠道、多维度了解掌握协作单位职工和业务部门在与港务公司业务合作过程中，遵守中央八项规定精神等方面日常表现情况，并对发现的问题及时纠正。
日常谈话提醒	港务公司直属党组织及业务主责部门（即合同承办部门）可采取定期约谈相关负责人的方式向协作单位提出共同防控业务合作廉政风险的要求，对存在的苗头性、倾向性问题及时进行反馈和提醒，尽可能减少"四风"和隐形变异"四风"滋生的土壤。
情况通报反馈	港务公司直属党组织及业务主责部门（即合同承办部门）可根据实际情况采取发送书面材料或召开现场会议等方式通报联合监督情况。通报的重点是：港务公司向协作单位通报当前和今后一段时期的监督重点，前一阶段发现的协作单位在党风廉政建设方面存在的问题，需要协作单位配合实施的事项。协作单位向港务公司通报其政治生态研判、配合实施事项进展、存在的问题等情况。
问题线索处置	港务公司纪检机构、协作单位要畅通信访举报渠道，拓展问题线索来源，发现双方违规违纪问题，要积极配合协助调查处理。
请示报告工作	港务公司直属党组织及业务主责部门（即合同承办部门）要和协作单位加强日常联络，及时向港务公司纪委请示报告联合监督中的重要事项，提出联合监督方面的改进建议，协助港务公司提高联合监督质量。

第三节 事后惩治威慑，巩固"惩"的效果

持续强化惩治威慑，在推进"不敢"时注重挖掘"不能"、"不想"的功能，既要从严查处违规违纪行为也要利用案件查办结果加强廉政风险防控、提升治理效能。

一、强化全员覆盖震慑

畅通处置路径、提高处置效率，制定《职工违规违纪处理实施细则》，从监督对象和监督事项两个维度厘清监督处置边界，实现所辖职工、所辖业务

违规违纪责任追究全覆盖、无死角，形成不同政治面貌、身份特点的职工范围横向到边，不同业务领域、核查权限的监管范围纵向到底的责任追究网。

（一）明确组织职责

公司党委统一领导职工违规违纪处理工作，通过党委会审议决定职工违规违纪处理的重要事项。纪委办公室负责受理处置党员、职工（监察对象范围）违规违纪问题线索。组织人事部负责受理处置职工（非监察对象范围）违规违纪问题线索。企业管理与法律事务部负责核查违规经营投资问题。安全监察部负责组织开展安全生产环保事故事件的调查、分析和处理。公司所属其他各部门及所在党组织负责监督检查处置业务管辖范围内的职工违规违纪问题。设立党委的子分公司负责受理处置其管辖的副处级以下职工违规违纪问题线索，上报副处级及以上职工违规违纪问题线索。

（二）厘清处置权限

如图 3-4 所示，公司所属各部门及所在党组织依据监督执纪第一种形态实施细则规定的权限和程序提出处理建议或作出处理决定，上报处置权限以外的职工违规违纪问题。设立党委的子分公司所属各部门及党组织参照执行。

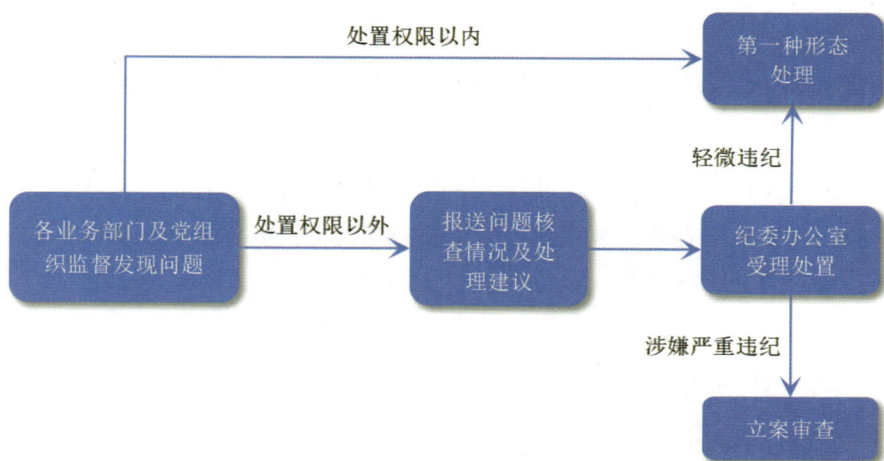

图 3-4　违规违纪责任追究实施路径图

（三）规范工作程序

企业管理与法律事务部、安全监察部依规核查提出处理建议后，应当提交纪委办公室进行再监督，经公司纪委审核同意后，由企业管理与法律事务部、安全监察部根据相关程序提报处理建议，经审议通过后，需对职工（非监察对象范围）进行政纪处分的，移送组织人事部处置；需对党员、职工（监察对象范围）进行党纪政纪处分的，移送纪委办公室处置。

组织人事部对职工（非监察对象范围）提出处理处分建议后，应当提交纪委办公室进行再监督，经公司纪委审核同意后，由组织人事部报党委会审议。

纪委办公室对党员、职工（监察对象范围）提出处理处分建议经公司纪委研究审核，报党委会审议。

对涉嫌严重违纪、属公司纪委处置权限的问题，实行发现一起报送一起，填写《问题线索报送表》，及时转入问题线索处置程序，确保问题线索报送、处置无缝衔接。

二、强化精准执纪震慑

坚持严的主基调不动摇，保持零容忍的警醒、零容忍的力度，让老问题逐渐减少直至不犯，让一些滋生的新问题难以蔓延。发挥"四种形态"贯通纪、规、法，以及兼具教育警醒、惩戒挽救和惩治震慑功能，把监督执纪成效固化为刚性制度规定，发挥制度优势、提升监督效能。

（一）常态"咬耳扯袖、红脸出汗"

着眼预防"治未病"，抓早抓小、防微杜渐，制定《关于运用监督执纪第一种形态实施细则》，结合工作实际明确 5 种主要处理措施及 12 种适用情形，将"第一种形态"贯穿日常监督当中，延伸至基层末梢，对苗头性、倾向性问题早提醒、早警示、早纠正，按照管理权限推动形成分级负责的责任链条，发挥党委主体责任、纪委监督责任、党组织日常监督责任、各部门职能管理监督责任的"四级联动"效应，实现监督主体"全参与"、监督对象"全覆盖"、监督内容"全方位"、监督执纪"全天候"。

1. 处理措施及适用情形

明确监督执纪第一种形态处理措施有 5 种，分别为：提醒谈话、批评教育、责令检查、通报、诫勉。上述处理措施，可以单独使用，也可以合并使用。

存在以下情形，未造成严重后果或影响的，可以运用监督执纪第一种形态进行处理：

（1）落实新时代党的建设总要求不到位，履行全面从严治党主体责任存在越位错位缺位，情节轻微的。考核考评中成绩较差的。

（2）党内政治生活不够严肃，在执行民主集中制、"三会一课"、民主生活会和组织生活会、谈心谈话、对党员进行民主评议、工作中重大问题和个人有关事项按规定按程序向组织请示报告等方面，存在苗头性倾向性问题的。

（3）对上级决策部署执行不力，工作推进缓慢，实效不佳，情节轻微的。

（4）制度建设缺乏针对性和可操作性，或对党章党规、集团和公司规章制度执行不到位，情节轻微的。

（5）贯彻落实中央八项规定及其实施细则精神或集团相关规定不够严格，工作中存在形式主义、官僚主义行为，损害职工利益和党群干群关系，情节轻微的。

（6）个人行为与党员身份不相符，违背社会公德、职业道德、家庭美德，情节轻微的。

（7）本人及其亲属、特定关系人违反规定在黄骅港务系统内从事经济活动，或违反规定干预生产和经营活动，情节轻微的。

（8）对管辖范围内的违纪问题该发现没有发现、发现问题未妥善报告、处置，情节轻微的。

（9）对巡视巡察、党内监督或外部监督发现问题负有责任，或问题整改不到位的。

（10）选人用人失察失误，或对身边工作人员发生违纪违规行为负有责任，情节轻微的。

（11）存在违纪行为，情节轻微，不需要给予党纪处分的。或者存在违纪行为，应当给予党纪轻处分，但具有减轻处分情形的。

（12）其他需要运用第一种形态处理的情形，虽不构成违纪但造成一定影响的。

2. 审批权限

第一种形态处理措施审批权限涉及的决策人员有科室或班组负责人、党小组长、支部纪检委员、支部书记、部门负责人、分管领导、纪委书记、党委书记，涉及的决策会议有支委会和党委会，具体审批权限如图3-5所示。

3. 实施规则

按管理权限做好《运用监督执纪第一种形态呈批表》的审批和《运用监督执纪第一种形态记录表》的记录，一人一呈批，一人一记录。接受第一种形态处理的人员，需在10个工作日内向实施人提交书面检查、整改材料，必须全文手写、签字。

处理措施	决策人员								决策会议		备 注
	科室或班组负责人	党小组长	纪检委员	支部书记	部门负责人	分管领导	纪委书记	党委书记	支委会	党委会	
提醒谈话	决定	决定	决定	决定	决定	决定	决定	决定			党委及班子成员、纪委可直接作出决定；各科室负责人、班组负责人，党小组长对管辖范围内的党员干部可直接作出决定；各部门主要负责人对业务管理范围内其他职工可直接作出决定。
批评教育	决定	决定	决定	决定	决定	决定	决定	决定			党委、纪委可直接作出决定；职能部门、直属机构拟给予处理，由分管领导审批，由党支部委员会审议处理。
责令检查				审核	审核	决定			决定		
通报（公司内）							审核	审核		决定	纪委可提出处理建议，由党委会审议批准；职能部门、直属机构可提出处理建议，经分管领导审核后，由党委会审议批准。
通报（支部内）				审核	审核				决定		党支部拟给予所属党小组、管辖范围内的党员其他职工处理，由党支部委员会审议批准。
诚勉							审核	审核		决定	纪委可提出处理建议，由党委会审议批准，经分管领导审核后，由党委会审议批准。
						审核		审核		决定	党的工作部门提出处理建议，经分管领导审核批准后，由党委会审议批准。
				审核	审核			审核		决定	

表 3-4　监督执纪第一种形态处理措施审批权限表

对受到责令检查、通报、诫勉处理的人员，应当计扣相应绩效薪酬。由承办人起草部门联系单通知组织人事部计扣绩效薪酬，组织人事部执行完毕后通过部门联系单再向承办人反馈。由承办人将执行情况报公司纪委备案。

对受到责令检查、通报、诫勉处理的党员，或在六个月时间内连续两次受到提醒谈话、批评教育处理的党员，本人须主动在所在党组织民主生活会或组织生活会上进行自我批评，并在述责述廉时进行报告，接受监督。

（二）规范"四种形态"转化运用

精准把握政策策略，严格规范工作程序，制定《落实监督执纪"四种形态"实施办法》，对每一种形态的基本内涵、适用情形等作出具体规定，依规依纪依法做好"四种形态"转化运用。坚持严的主基调不动摇，综合考虑违纪性质、情节后果、认错态度等因素，区分不同情况，依规依纪精准处置，做到宽严相济、不偏不倚、不枉不纵。主动向组织说明情况并确有悔改表现的，可以从宽处理；欺骗组织对抗审查的，要从严从重处理，决不姑息手软。既通过第一、第二种形态管住大多数，又通过第三、第四种形态惩治极少数，保持第三、第四种形态的震慑，为第一、第二种形态使用提供有力支撑，抓早抓小、防微杜渐、层层设防。

1. 基本内涵

"第一种形态"是指要经常开展批评和自我批评，对苗头性、倾向性问题多提醒，对轻微违纪问题常批评；"第一种形态"是推动红脸出汗成为常态的实践举措。"第二种形态"是指实事求是、依规依纪，对问题较轻或不适宜在原岗位工作的，作出党纪或政纪轻处分和组织处理。"第三种形态"是指对于构成严重违纪的党员，给予重处分、作出重大职务调整。"第四种形态"是指对严重违纪涉嫌违法犯罪的党员进行立案审查，既要依法惩处，也要依纪依规严肃处理。

2. 适用情形

"第一种形态"的处理措施和适用情形详阅本节第一部分内容。

有下列情形之一的，应运用"第二种形态"：

①违反《中国共产党纪律处分条例》所规定的有关纪律，应当给予党内警告或党内严重警告处分的；

②违反《国家能源投资集团有限责任公司职工违规违纪处理办法》，应当给予警告、记过或者记大过处分的；

③违纪行为应当采取组织调整措施，应当予以停职检查、待岗、调整岗位、责令辞职、免职等的。

有下列情形之一的，应运用"第三种形态"：

①违反《中国共产党纪律处分条例》所规定的有关纪律，需要给予撤销党内职务、留党察看、开除党籍处分的；

②违反《国家能源投资集团有限责任公司职工违规违纪处理办法》，应当给予降职（降级）、撤职、解除劳动合同处分的；

③其他应当予以重大职务调整类措施的。

3. 转化条件

"四种形态"转化是指对具有从轻、减轻或从重、加重情形的被审查对象，在适用"四种形态"处理时，可以在形态之间相互转化。从"第一种形态"向"第二种形态"、"第二种形态"向"第三种形态"转化，必须具备《中国共产党纪律处分条例》规定的应当从重或加重的情形。从"第四种形态"向"第三种形态"、"第三种形态"向"第二种形态"、"第二种形态"向"第一种形态"转化，必须具备《中国共产党纪律处分条例》规定的可以从轻或者减轻的情形，且未造成严重后果或影响，或满足容错纠错适用条件。不存在"第三种形态"向"第四种形态"转化的情形。

4. 转化程序

从"第一种形态"转化为"第二种形态"，应按照以下程序进行：

（1）提出转化建议：

公司党委、纪委可直接提出将"第一种形态"转化为"第二种形态"的建议，由各自主要负责人审批。

各党支部、各部门提出的转化建议，需向公司纪委口头报告后，再正式行文向公司纪委进行请示。请示文件中应载明建议转化的原因和依据、具体的违纪行为、《中国共产党纪律处分条例》中对相应违纪行为适用的从重或加重情形。

（2）公司纪委办公室按照线索处置程序对相关问题进行核查，提出是否实施"第二种形态"处分的建议，形成议案报党委会集体研究。

（3）依据党委会的决定，按照程序落实处分和执行工作。

从"第二种形态"转化为"第三种形态"，应按照以下程序进行：

（1）在立案审查阶段，由审查组按审查要求提出转化建议。审查组应在审查报告中载明建议转化的原因和依据、具体的违纪行为、《中国共产党纪律处分条例》中对相应违纪行为适用的从重或加重情形；

（2）由审理组依规依纪进行审理；

（3）由公司纪委形成议案报党委会集体研究；

（4）依据党委会的决定，按照程序落实处分或执行工作。

从"第二种形态"转化为"第一种形态"，或者从"第三种形态"转化为"第二种形态"，应按照以下程序进行：

（1）在立案审查阶段，由审查组按审查要求提出转化建议。审查组应在审查报告中载明建议转化的原因和依据、具体的违纪行为、《中国共产党纪律处分条例》中对相应违纪行为适用的从轻或者减轻情形；

（2）由审理组依规依纪进行审理；

（3）由公司纪委形成议案报党委会集体研究；

（4）依据党委会的决定，按照程序落实处分、处理或执行工作。

从"第四种形态"转化为"第三种形态"，应按照以下程序进行：

（1）在立案审查阶段，由审查组提出转化建议。审查组起草审查报告，载明建议转化或容错纠错的原因和依据、具体的违纪行为《中国共产党纪律处分条例》中对相应违纪行为适用的从轻或者减轻情形；

（2）由审理组依规依纪进行审理；

（3）公司纪委书记向公司党委书记通报并向集团纪检监察组口头报告后，正式行文向集团纪检监察组请示；

（4）公司纪委办公室根据集团纪检监察组批示意见，将处分建议提交公司党委会审议；

（5）根据集团纪检监察组的批示意见，按照程序落实处分和执行工作。

（三）规范执纪审查提升办案质量

严守办案质量"生命线"，发挥组织作用和系统优势，探索实施"五集中五强化"工作机制，努力实现案件查审更规范、定性量纪更准确、"三个效果"更彰显。一是集中管理线索，强化案源管控。监督发现、信访举报问题线索全部 5 个工作日内录入案管系统，统一分办、及时流转、限时办结，确保处置率100%、办结率100%。对问题典型、反映强烈、久拖不办的线索，一律提级办理，避免人情干扰、有失公正。二是集中优势力量，强化攻坚突破。统筹专职人员业务熟练、经验丰富和兼职人员了解性格、沟通直接的优势要素，组建谈话小组，加强协作配合、提高取证效率。三是集中把关审核，强化跟踪管控。坚持"上对下"垂直领导、"下对上"请示报告，全程把关跟踪管理下级纪委初步核实、立案审查、案件审理工作质量，避免程序违规、处置不当。四是集中研究审议，强化定性量纪。严格"查审分开"、集体讨论研究，将党的政策落实到审查审理中，准确把握纪法和事实两个定量、态度这个变量，研究审议遵循"同案同惩、类案类处"，避免"重定性、轻量纪"、"量纪畸轻畸重"。五是集中案卷评查，强化分类管理。上下两级同步按照问题卷、核查卷、审查卷、审理卷、处分执行卷 5 种分类标准，开展组卷自查和评查工作，以提升基础管理倒逼提升监督执纪工作水平。

三、强化闭环整改震慑

坚持把思想政治工作贯穿始终，推进处置、教育和建制互补，做实处理执行"后半篇"，努力实现监督执纪效果最大化。坚持将从严惩处与风险防控、促进治理有机贯通起来，如图 3-5 所示，构建全链条闭环工作机制，实现违纪处理、廉政把关、监督回访、建章立制无缝衔接、有序推进。

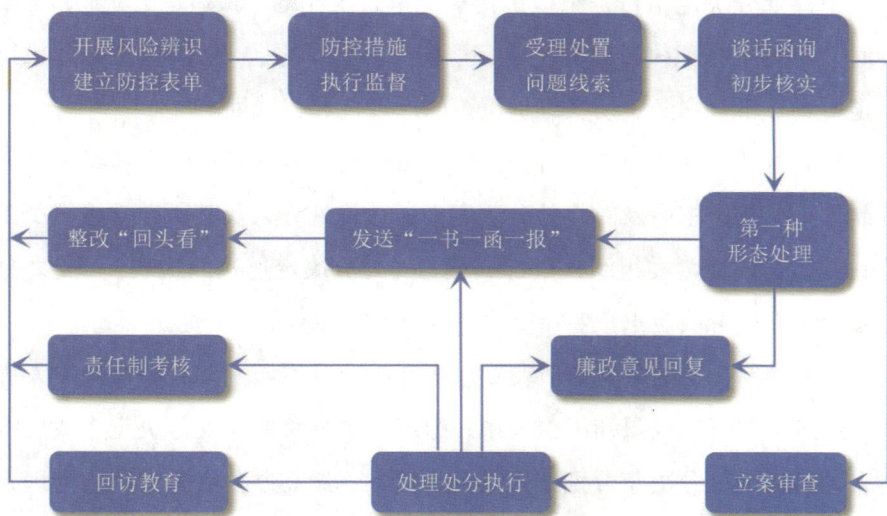

图 3-5　监督执纪全链条闭环路径图

一是坚持精准思维，针对违规违纪问题暴露出来的制度机制漏洞和廉政风险，制发纪律检查建议书、廉政风险提示函等，推动相关责任部门和单位辨识风险、查找漏洞、健全措施、改善管理。二是坚持整改跟踪，严把"一书一函一报"落实关，防止一发了之。对整改落实情况进行"回头看",建立问题整改台账,确保督查问题"件件有回音、事事有着落"。三是坚持从严把关,对处理处分影响期未满或有在办问题线索的,大胆亮"红灯",提出暂缓或否定意见,严把党风廉政意见回复关。用廉政意见回复拧紧党员干部纪律"安全阀",使其既感到压力又受到鞭策,警示提醒规范日常言行。四是坚持回访教育,把对受处分人员开展回访教育作为监督管理的重要内容,及时跟进了解其精神状态、工作表现,帮助其正视问题、深挖根源、汲取教训、整改提升,使"不敢"震慑真正内化为"不想"自觉。

(一)规范执行处理处分决定

纪律处分决定执行是纪检机构执纪审查工作的"最后一公里",全面及时、不折不扣地执行处分决定,严防"一处了之",切实保障处分执行不走过场、不打白条,切实维护纪律的严肃性和权威性。

及时送达。党纪处分决定作出后,由纪委办公室对每一个违纪人员分别制作处分决定书,及时将处分决定书送达受处分人及其所在党组织、单位,并抄送同级党委组织人事部,填写《处分决定送达回执表》。受处分人按要求在处分决定书上签字,并注明收到日期。

按时执行。受处分党员所在党组织在1个月内向全体党员及其本人宣布。按照干部管理权限和组织关系,组织人事部负责在处分决定生效后将本人签字后的处分决定分别归入其个人档案,纪委办公室负责归入管理人员廉政档案。对受到撤销党内职务、降职(降级)及以上处分的人员,及时调整其职务级别、岗位等级、工资档次等。对在处分影响期间内的评先授奖,晋升职务级别、岗位等级、职称评定等,要按照集团公司、公司有关规定执行。对违纪行为获得的经济利益,以及获得的职务、岗位、专业技术职务(资格)、学历、学位、奖励、资格等其他利益,要按照集团公司、公司有关规定及时调整受处分人的职务级别、岗位等级、工资档次等。对同时受到党纪、政纪处分的,要按照受到较重处分的情况,确定其职务级别、岗位等级、工资档次等。按要求执行后，相关党组织和单位及时填写《处分决定执行情况报告表》并报送纪委办公室。

（二）严把廉政意见回复关

从规范工作流程入手，在回复流程、分级审核等方面明要求、定举措，切实把好廉政意见审查关、回复关，持续发挥廉政意见回复在干部选拔任用、换届选举、评先评优等方面的审查把关作用，对公司党员干部廉政情况进行综合"会诊"，精准出具廉政"体检报告"。对政治上不合格的坚决一票否决，杜绝"带病提拔"、"带病评优"、"带病提名"，积极营造良好选人用人氛围，有力促进公司政治生态持续向好。

1. 受理事项和人员范围

原则上仅受理上级党组织和纪检监察机关，以及公司有规定权限或者有授权的部门（单位）征求党风廉政意见事项。主要包括：

①干部选拔任用事项；

②向地方党委、人大、政府、政协、纪委监委推荐委员、代表等事项；

③公司各级党组织、纪检组织、工会组织换届事项；

④领导干部辞去公职事项；

⑤评先评优、职称评审、专业技术职务聘任等事项；

⑥配偶已移居国（境）外或者没有配偶但子女均已移居国（境）外的领导干部因私出国（境），以及按照有关规定登记备案的领导干部配偶（或子女）因私出国（境）审批事项；

⑦党内法规、国家法律、中央文件和集团公司、港务公司制度规定，明确规定需要征求纪检机构意见的其他事项；

⑧上级党组织和纪检监察机关、公司党委交办或者经沟通协商后研究决定的事项。

根据干部管理权限分级受理，纪委受理人员范围原则上主要包括：

①公司纪委受理公司党委管理的党员、干部，包括公司总助级、处级、科级，公司职能部门、直属机构、生产单位的党员、干部。

②各单位纪委受理人事管理权限在本单位的党员、干部。

③需要公司党委研究的事项，但人事管理权限属于所在单位党委的，由所在单位纪委出具意见，经本单位纪委书记审核把关并签字背书，以正式函件回复公司纪委，统一由公司纪委回复。

2. 工作程序

纪委办公室负责党风廉政意见回复的工作人员认真查阅管理人员廉政档案、党风廉政意见回复历史记录以及案管系统数据信息。在全面了解情况的基础上，结合监督发现和信访举报问题线索处置情况、被征求意见人受到党纪政纪处分和组织处理等情况，综合分析研判、突出政治把关，由执纪审查组长和监督检查组长分别填写《党风廉政意见回复审批表》，研究提出党风廉政情况拟回复意见。经纪委办公会主任审核、纪委书记批准后向来函部门函复。收到信访举报，正在就反映问题进行核查的，建议暂缓使用；经核查确有问题，受到党政纪处分、处于影响期的，建议不宜使用。

规范党风廉政意见回复程序，内设专职工作人员进行研究、把关，不同岗位人员之间又彼此监督制约，坚决防止弄虚作假、营私舞弊、回复意见失真等问题的发生。

（三）实施党建责任制考核

在党建责任制考核指标体系中设置扣分项，根据党政纪轻处分和重处分两个类别分别明确扣分值，按照个人受到的最高处分对所在直属党组织进行考核扣分。

直属党组织因违纪受到处理的，取消该直属党组织年度先进基层党组织评优评先资格。个人因违纪受到党政纪处分的，所在党组织存在履责问题的，取消其所在党支部书记（部门负责人）或基层党委主要负责人的党内评优评先资格。

（四）建立促改机制精准堵塞漏洞

以问题推动查补漏洞、以案件促进整改整治，深化对"一案三查三推进"的把握认识和实践运用。在查办案件的同时，深查体制障碍、机制梗阻和制度漏洞，深查管党治党责任落实情况，推进体制机制改革、创新制度保障，推进"两个责任"贯通协同，推进深化细化日常教育管理监督。把违规违纪问题处理放到整个治理体系中去看，对于监督检查或执纪审查中发现的问题，加强分责分级专项通报，依托"一书一函一报"开具"药方"，推动精准施治、举一反三。推动以案促改、以案促治、以案促教工作走深走实，实现惩治威慑、制度约束、提高觉悟三者效应叠加。

紧盯主体责任，向直属党组织发送《纪律检查建议书》，明确指出履责问题，准确找出作风"病灶"，针对性提出纠治建议，并责成限期整改。

紧盯职能监督、业务监督责任，向主管部室发送《廉政风险提示函》，对重点领域职能管理和业务执行中暴露出的廉政风险进行提醒警示，对制度建设和执行中存在的廉防薄弱环节提示抓实整改，督促强化监管措施，限时堵塞制度漏洞。

紧盯"一岗双责"，向分管领导"一对一"径送《责情专报》，提醒分管领域党风廉政建设存在的不足、党员干部履职存在的偏差，督促进一步落实管党治党政治责任，既抓好分管领域廉政风险防控又强化党员干部日常管理监督。

紧盯整改落实，防止"一书一函一报"一发了之。加强对建议、提示执行落实情况的跟踪督查，以风险辨识不及时、防控措施不完善、管控标准不执行等问题为导向，推动重新开展风险辨识评估工作，修订完善廉政风险防控表单，持续提升一体推进"三不"机制管控的针对性和有效性。

案例篇

一、廉政风险防控责任清单

经过风险辨识评估，公司级管控重大、中等风险等级的业务行权事项共计有 102 项，根据公司党委领导班子分工划分了廉政风险防控责任清单。压实了各部门管控风险的主体责任，明确了党委领导班子成员的"一岗双责"，提高了全面从严治党与经营管理的融合程度，夯实了提升公司治理效能的基础。

廉政风险防控责任清单

序号	行权事项	防控单位	党委委员
1	基层党组织工作经费管理	党建工作部	业务分管领导
2	党费管理		
3	舆情管理		
4	走访慰问管理		
5	评先评优		
6	工会经费管理	工会工作部	业务分管领导
7	员工疗养管理		
8	薪酬管理	组织人事部	业务分管领导
9	员工调动		
10	员工招聘		
11	干部监督		
12	三项制度改革		
13	中层干部选拔任用		
14	人事档案管理		
15	考勤管理		
16	上会议案及流程管理	综合管理部	业务分管领导
17	会议决策记录及归档管理		
18	公章管理		
19	保密管理		
20	发文管理		

续表1

序号	行权事项	防控单位	党委委员
21	问题线索受理	纪委办公室	业务分管领导
22	审查审理		
23	初步核实		
24	制度修编	企业管理与法律事务部	业务分管领导
25	企业改革		
26	合同执行		
27	绩效考核核算		
28	事故调查处理	安全监察部	业务分管领导
29	事故信息上报		
30	安全环保隐患排查治理		
31	安全环保重大隐患管控		
32	消防项目验收		
33	新（扩）建投资项目决策	规划发展部	业务分管领导
34	项目手续办理		
35	造价管理	规划发展部	业务分管领导
36	项目验收		
37	资金支出管理	财务部	业务分管领导
38	七项费用报销		
39	资产管理		
40	合同付款		
41	公开招标方案编制	采购与物资管理中心	业务分管领导
42	非招标（工程、服务）采购计划编制		
43	非招标（物资）采购计划编制		
44	物资需求计划管理		

序号	行权事项	防控单位	党委委员
45	到货物资入库	采购与物资管理中心	业务分管领导
46	物资出库		
47	供应商失信行为上报		
48	废旧物资管理		
49	废旧物资处置计划编制		
50	废旧物资处置出库		
51	工程招标技术文件编制	工程管理中心	业务分管领导
52	监督监理履约		
53	工程变更		
54	年度疏浚费用结算		
55	农民工工资支付		
56	生产计划编制及变更	生产指挥中心	业务分管领导
57	船舶服务单位准入管理		
58	商务稽核		
59	船舶代理准入及考核		
60	客户投诉管理		
61	货运质量管理		
62	煤炭采样管理		
63	设备外委项目采购需求提报与执行	设备管理中心	业务分管领导
64	设备外委项目估算		
65	设备外委项目结算付款		
66	临时用电管理		
67	公车维修管理		
68	办公车辆使用		
69	科技进步奖评审	科技信息中心	业务分管领导
70	信息化项目管理		
71	网络安全管理		
72	数据信息管理		

序号	行权事项	防控单位	党委委员
73	日常维修管理	生产保障中心	业务分管领导
74	非书面合同采购		
75	食材价格管理	生产保障中心	业务分管领导
76	公车使用费报销		
77	房屋对外租赁日常管理		
78	车辆维修报审		
79	备餐管理		
80	房屋对外租赁审批		
81	通行证管理		
82	疫情防控管理		
83	临时用水管理		
84	业务外包绩效考核	共享服务中心	业务分管领导
85	外包业务采购		
86	业务外包合同结算		
87	业务招待费管理		
88	职称评审		
89	职业技能等级认定		
90	船舶厂修管理	船务管理中心	业务分管领导
91	船舶污油水回收		
92	船舶加油管理		
93	船舶进港管理	物流分公司	业务分管领导
94	生产组织管理		
95	业务洽谈		
96	装卸收入核算与稽核		

续表 4

序号	行权事项	防控单位	党委委员
97	船舶燃油加装	神华上航疏浚公司	业务分管领导
98	项目投标		
99	扩大自修费用签审		
100	项目部绩效考核		
101	工程及服务项目结算		
102	修理费用付款		

二、廉政风险防控案例

针对每一项业务行权事项，均按照一体推进"三不"机制运行要求，明确事项行权"全周期"的具体防控举措，形成了具体的事项行权廉政风险防控案例。现择取 60 项具有一定代表性的业务行权事项进行案例分享。

★生产组织管理案例

（一）廉政风险

超标准制订作业计划、未严格执行作业计划、未反馈实际作业情况，影响生产进度。篡改、遗漏原始生产数据，造成生产数据失真、成本增加，影响经营决策。

（二）责任人员履职要求

1.熟知《物流分公司生产组织管理办法》等相关制度，了解掌握各货类工艺及生产组织流程。

2.参加业务流程专题培训，了解计划执行各项流程。

（三）防控措施及工作标准

防控措施一：计划制订实行一人制订、一人审核机制，规范、准确制订作业计划。计划实施实行分级监督，全过程反馈纠偏。

工作标准：

1. 制订作业计划时，生产计划岗结合工艺、安全环保、设备、天气、运力、人力、货源、船型等信息，确定装卸作业线数、明确作业效率、作业量、作业质量等内容。制订完成后提交生产管理科科长审核。

2. 布置作业计划时，值班经理负责依照作业计划组织实施，监督计划实施过程及组织记录计划实施的内容。

3. 实施作业计划时，现场调度岗负责核实作业过程中的人工、机械、工属具等生产材料准确性，指导各环节生产组织按计划实施，纠正计划执行中的偏差。

防控措施二：临时流动机械租赁、零工雇用实施"三级审批"、"三方核实"机制，确保租赁与申请用途一致、数量相符。

工作标准：

1. 生产计划岗负责分析研判实际工作需求，确定需要租赁流动机械的设备类型、数量、原因、预计作业时长/吨数，以及零工雇用数量、原因、预计用工时长，将信息填入《流动机械租赁/零工雇用申请表》后提出申请。

2. 生产管理科科长初审签字确认后，提报部门负责人。经部门负责人审批签字后，流转至生产计划实施申请方案。

3. 现场调度岗对《装卸作业票》中的流动机械实际租赁台数、时长/吨数，零工雇用实际用工数量、实际用工时长进行核实，与承包单位负责人双方签字确认。

4. 财务分析岗核对《流动机械租赁/零工雇用申请表》、《装卸作业票》内容，经核对无误后，对数据进行核算。

防控措施三：数据控制实行四方核对，生产各环节全过程受控，形成闭环。

工作标准：

1. 执行过磅时，司磅员负责校对随车票据信息与计划信息一致性，确认无误后签字执行过磅：初次过磅时，核实《集疏港单》；二次过磅时，核实《集疏港单》、《出入库单》以及初次过磅信息，信息与计划一致、票据编号一一对应后，执行过磅。

2. 执行理货时，库管员负责核实初次过磅信息、随车票据与计划信息一致后执行理货作业，同时将出入库货类、合同号、车牌号、垛位号、货物流向、数量填入《出入库单》，签字后交予运输方。

3. 汇总当班数据时，现场调度岗负责核对过磅车数与理货车数，校对《集疏港单》、《出入库单》、《称重计量单》，核对无误后对班组生产数据进行分析、汇总。

4. 汇总昼夜生产数据时，生产分析岗负责核对作业计划信息、计划执行过程记录、班组统计信息，核对无误后对信息进行汇总、分析。

（四）责任追究

责任人员未按工作标准履职行权的，视情节轻重，给予第一种形态处理或纪律处分。

行权事项	生产组织管理		
预先控制	廉政风险	超标准制订作业计划、未严格执行作业计划、未反馈实际作业情况，影响生产进度。篡改、遗漏原始生产数据，造成生产数据失真、成本增加，影响经营决策。	
	风险控制前评价	风险值：20（频率 P×程度 S=4×5）	风险等级：重大风险
	风险控制措施	1. 制订《物流分公司生产组织管理办法》（A），分级监督作业计划制定和实施情况，全过程反馈纠偏，生产数据多方核对确认，保证生产各环节受控。 2. 根据纪律处分条例、职工违规违纪处理实施细则、监督执纪第一种形态实施细则等（B），开展责任追究工作。	
	风险控制后评价	风险值：2（频率 P×程度 S=1×2）	风险等级：低风险

续表

行权事项	生产组织管理				
	工作流程	计划制订	计划审核及审批	生产组织	数据控制	生产数据统计分析
流程控制	工作标准	1.根据生产组织管理办法制订作业计划。(A.5) 2.提出流动机械租赁、零工雇用申请。	1.科室负责人审批作业计划,填写批准意见。 2.科室负责人审核流动机械租赁、零工雇用申请,填写办理意见。 3.部门负责人审批流动机械租赁、零工雇用申请,填写批准意见。	1.依照作业计划组织实施,并监督和记录计划实施。(A.8) 2.核实流动机械租赁、零工雇用实际情况。(A.8) 3.纠正生产计划执行中的偏差。(A.8)	1.核对、确认随车票据,执行过磅。(A.8) 2.核实、确认过磅信息,执行理货。(A.8) 3.核对、确认过磅车数与理货车数,并分析汇总。(A.8)	1.核对、统计、记录、归档各班生产过程中产生的全部数据和单据。(A.4) 2.分析年度、季度、月度各项生产数据情况。(A.4) 3.对数据进行核算。
责任控制	岗位名称	生产计划岗	生产管理科科长、安全生产运营中心负责人	值班经理岗现场调度岗	司磅员库管员现场调度岗	生产分析岗财务分析岗
	岗位责任	1.对未按工作标准履职行权负直接责任。 2.视情节轻重,给予第一种形态处理或纪律处分。(B)	1.对未按工作标准履职行权负直接责任。 2.视情节轻重,给予第一种形态处理或纪律处分。(B)	1.对未按工作标准履职行权负直接责任。 2.视情节轻重,给予第一种形态处理或纪律处分。(B)	1.对未按工作标准履职行权负直接责任。 2.视情节轻重,给予第一种形态处理或纪律处分。(B)	1.对未按工作标准履职行权负直接责任。 2.视情节轻重,给予第一种形态处理或纪律处分。(B)

★装卸收入核算与稽核案例

（一）廉政风险

未严格按照合同约定条款进行核算，数据审核、费用稽核、信息录入过程出现错误，导致错收、漏收，造成公司经济损失和不良影响。

（二）责任人员履职要求

1.熟知《物流分公司生产数据统计管理办法》、《物流分公司收入管理办法》等相关制度，了解掌握装卸作业数据统计、收入核算与稽核等业务流程及有关规定。

2.参加安全保密专题培训，强化客户资料、合同信息的安全管理，具有较高的安全保密责任意识。

（三）防控措施及工作标准

防控措施一：制定收入核算、稽核分级管控流程，实行专人专管，不同岗位之间进行制约与监督。

工作标准：

1.统计生产数据时，生产分析岗负责依据现场生产作业原始票据，汇总数据编制生产统计报表。

2.审核数据时，商务管理岗根据统计分析员提交的原始票据，结合市场营销中心作业通知单对生产数据进行审核，编制结算清单。

3.核算装卸收入费用时，会计依据作业合同相应费率和结算清单数据进行核算，编制计费表。

4.费用稽核时，财务分析岗依据作业合同相应条款和结算清单数据对计费结果进行审核，确认后反馈至会计完成系统计费，并将相应计费单据提报财务部。

5.商务管理岗负责保管现场生产作业原始票据，按月归档留存备查。

防控措施二：依据"谁办理、谁负责"的原则，完成客户信息和作业合同结算费率的录入和审核。

工作标准：

1.合同承办人负责查验客户信息资料，将客户信息录入法务系统，客户资料备案留存。

2.在《港口货物作业合同》签署 10 个工作日内，合同承办人将作业合同中相应结算费率录入生产系统，合同文本提交会计留存。

3.会计根据合同文本相应条款审核系统中的客户信息和结算费率，确保信息准确。

（四）责任追究

责任人员未按工作标准履职行权的，视情节轻重，给予第一种形态处理或纪律处分。

行权事项		装卸收入核算与稽核				
预先控制	廉政风险	未严格按照合同约定条款进行核算，数据审核、费用稽核、信息录入过程出现错误，导致错收、漏收，造成公司经济损失和不良影响。				
	风险控制前评价	风险值：16（频率 P×程度 S＝4×4）			风险等级：中等风险	
	控制措施	1.制定《物流分公司生产数据统计管理办法》（A）、《物流分公司收入管理办法》（B），开展装卸收入核算和稽核工作。 2.安排专人负责结算数据的统计和审核、装卸收入的核算和稽核、客户信息及结算费率的录入和审核，互相复核监督。（C） 3.根据纪律处分条例、职工违规违纪处理实施细则、监督执纪第一种形态实施细则等（D），开展责任追究工作。				
	风险控制后评价	风险值：2（频率 P×程度 S＝1×2）			风险等级：低风险	
流程控制	工作流程	生产数据统计	数据审核	核算	稽核	计费
	工作标准	1.熟知统计工作管理规定。（C） 2.依据原始票据编制生产统计报表。（A.12、15、18）	1.熟知统计工作管理规定。（C） 2.接收原始票据和单证并以此审核生产数据，编制结算清单。（A.11、14、17） 3.保证结算数据的准确性。	1.熟知核算工作管理规定。（C） 2.依据《港口货物作业合同》相应条款审核生产系统费率，结算清单数据，进行装卸收入费用核算。（B.17、18、19）	1.熟知核算工作管理规定。（C） 2.根据《港口货物作业合同》中费率和结算清单数据对装卸收入费用核算结果进行复核确认。（B.17、18、19）	1.熟知核算工作管理规定。（C） 2.对完成稽核的费收项目进行计费，将相关单据报送公司财务部。（B.17、18、19）

续表

行权事项	装卸收入核算与稽核				
	岗位名称	生产分析岗	商务管理岗	会计岗	财务分析岗	会计岗
责任控制	岗位责任	1.对未按工作标准履职行权负直接责任。 2.视情节轻重，给予第一种形态处理或纪律处分。（D）	1.对未按工作标准履职行权负直接责任。 2.视情节轻重，给予第一种形态处理或纪律处分。（D）	1.对未按工作标准履职行权负直接责任。 2.视情节轻重，给予第一种形态处理或纪律处分。（D）	1.对未按工作标准履职行权负直接责任。 2.视情节轻重，给予第一种形态处理或纪律处分。（D）	1.对未按工作标准履职行权负直接责任。 2.视情节轻重，给予第一种形态处理或纪律处分。（D）

★船舶进港管理案例

（一）廉政风险

私自调整船舶进港顺序，安排船货手续不齐、货源不足的船舶进港，为个人或他人谋取利益，造成客户经济损失和不良影响。

（二）责任人员履职要求

1.熟知《物流分公司船舶进港管理办法》等相关制度，熟悉船舶进港计划排定条件和流程。

2.熟知公司生产组织和工艺流程，掌握货运计划值岗技能。

3.熟知海事和港航主管部门公告的各泊位适靠船舶规范。

（三）防控措施及工作标准

防控措施一：计划制订执行一人制订、一人审核机制，规范、准确制订船舶进港计划。

工作标准：

1.主班货运计划根据《船舶报备表》，将船舶预计抵锚时间、船舶参数和配载数等信息填入《黄骅港务物流分公司24小时计划表》。

2.主班货运计划审核船舶报港平台系统的船舶资料和船使费，审核无误后，将船舶信息录入公司管控系统。

3. 主班货运计划负责核实货物集港情况、港口装卸作业费情况，单船作业合同办理情况。

4. 主班货运计划负责梳理船舶的报港时间、实际抵锚时间和船舶手续最终签订时间，并以三者中最末完成时间为依据，结合码头长度、泊位作业能力、设备、库区库容以及天气综合情况，确定船舶进港顺序。

5. 副班货运计划负责对全过程进行核实，确认无误后，主班货运计划制订船舶进港计划，并提报至生产指挥中心，录入公司生产管控系统。

防控措施二：实行主副班货运计划岗轮换机制，实施专人定期抽查船舶进港计划，防范合谋风险。

工作标准：

1. 制订主副班计划表，每 7 天轮换一次，2 名货运计划签字确认后留存，以备跟踪检查。

2. 市场营销中心经理负责对每月进港计划进行抽查，抽查比例不低于当月总进港计划的 25%。

（四）责任追究

责任人员未按工作标准履职行权的，视情节轻重，给予第一种形态处理或纪律处分。

行权事项		船舶进港管理			
预先控制	廉政风险	私自调整船舶进港顺序，安排船货手续不齐、货源不足的船舶进港，为个人或他人谋取利益，造成客户经济损失和不良影响。			
	风险控制前评价	风险值：16（频率 P×程度 S=4×4）		风险等级：中等风险	
	风险控制措施	1. 制定《物流分公司船舶进港管理办法》（A），明确船舶进港计划排定条件和流程。 2. 执行主副班机制，一人制订一人审核，规范、准确制订船舶进港计划。（B） 3. 主副班轮换机制，货运计划相互监督。（C） 4. 根据纪律处分条例、职工违规违纪处理实施细则、监督执纪第一种形态实施细则等（D），开展责任追究工作。			
	风险控制后评价	风险值：2（频率 P×程度 S=2×1）		风险等级：低风险	
流程控制	工作流程	核实船舶相关信息	计划核实	计划制订及上报	监督检查
	工作标准	1. 主班货运计划将船舶信息填入《黄骅港务物流分公司24小时计划表》。（A.4） 2. 主班货运计划审核船舶报港平台的船舶资料和船使费。（B） 3. 主班货运计划核实货物集港情况、港口装卸作业费情况、单船作业合同办理情况。（B） 4. 主班货运计划确定船舶进港顺序。（B）	副班货运计划对全过程进行核实。（B）	主班货运计划制订船舶进港计划，并将船舶进港计划提报至生产指挥中心，录入公司生产管控系统。（A.3）	市场营销中心经理对每月船舶进港计划进行抽查，抽查比例不低于当月总进港计划的25%。
责任控制	岗位名称	货运计划岗	货运计划岗	货运计划岗	市场营销中心经理
	岗位责任	1. 对未按工作标准履职行权负直接责任。 2. 视情节轻重，给予第一种形态处理或纪律处分。（D）	1. 对未按工作标准履职行权负直接责任。 2. 视情节轻重，给予第一种形态处理或纪律处分。（D）	1. 对未按工作标准履职行权负直接责任。 2. 视情节轻重，给予第一种形态处理或纪律处分。（D）	1. 对未按工作标准履职行权负直接责任。 2. 视情节轻重，给予第一种形态处理或纪律处分。（D）

★业务洽谈案例

（一）廉政风险

虚假宣传公司情况，造成客户流失。对客户资质审核不严，与客户违规商定价格，为个人或他人谋取利益，造成公司经济损失和不良影响。

（二）责任人员履职要求

1.熟知《物流分公司货物作业合同管理实施细则》等相关制度，熟悉合同签订流程及注意事项。

2.了解掌握周边港口各货类作业价格及市场行情。

3.参加生产作业流程和作业工艺培训，熟知作业流程、作业效率、作业能力和作业工艺。

（三）防控措施及工作标准

防控措施一：制定公司宣传介绍标准文件，规范、准确进行宣传。实施2人业务洽谈，客户信息1人审核1人复查，彼此相互监督。

工作标准：

1.接待客户时，业务经理负责向客户发放《物流分公司宣传册》，介绍码头靠泊能力、作业效率、堆场的堆存能力等信息，了解客户资质以及货物信息，提供该货类作业的基准费率。

2.客户有合作意向后，安排1名业务经理负责对合同签订相对方的主体资格和资信状况进行审核，包括有效营业执照、法人身份证明、授权委托书、开户许可证、开票信息、行政许可事项、资质证书、与合同相匹配的经营范围等，参与业务洽谈的另1名业务经理对客户资质审核结果进行复查。

防控措施二：低于基准费率价格调整或新货类、新工艺价格商定实施两级审批机制。

1.货物作业价格低于基准费率或涉及新货类、新工艺价格商定时，业务经理负责结合公司成本、周边港口该货类作业价格及市场行情进行分析，提出价格意见报市场营销中心经理审核。

2.市场营销中心经理审核提出初步意见后，提交价格委员会审议。业务经理将审议结果向客户反馈。

（四）责任追究

责任人员未按工作标准履职行权的，视情节轻重，给予第一种形态处理或纪律处分。

行权事项		业务洽谈		
预先控制	廉政风险	虚假宣传公司情况，造成客户流失。对客户资质审核不严，与客户违规商定价格，为个人或他人谋取利益，造成公司经济损失和不良影响。		
	风险控制前评价	风险值：24（频率 P×程度 S=4×6）		风险等级：重大风险
	风险控制措施	1.制定《物流分公司货物作业合同管理实施细则》，明确合同签订流程及注意事项。（A） 2.制定公司宣传、介绍标准。实施2人业务洽谈，彼此相互监督。（B） 3.低于基准费率价格调整或新货类、新工艺价格商定实施审批机制。（C） 4.根据纪律处分条例、职工违规违纪处理实施细则、监督执纪第一种形态实施细则、同级监督工作办法等（D），开展责任追究工作。		
	风险控制后评价	风险值：2（频率 P×程度 S=1×2）		风险等级：低风险
流程控制	工作流程	业务接待	资质审核	价格审议决策
	工作标准	1.按照管理实施细则洽谈业务。（A.9） 2.发放《物流分公司宣传册》，提供货类作业基准费率。（B）	1.对合同签订相对方的主体资格和资信状况进行审核。 2.对客户资质审核结果进行复查。（B） 3.分析研判提出价格意见。（C）	对业务进行审核并提出初步意见，提交价格委员会审议。（C）

行权事项	业务洽谈			
责任控制	岗位名称	业务经理岗	业务经理岗	市场营销中心经理
	岗位责任	1. 对未按工作标准履职行权负直接责任。 2. 视情节轻重，给予第一种形态处理或纪律处分。（D）	1. 对未按工作标准履职行权负直接责任。 2. 视情节轻重，给予第一种形态处理或纪律处分。（D）	1. 对未按工作标准履职行权负直接责任。 2. 视情节轻重，给予第一种形态处理或纪律处分。（D）

★工程及服务项目结算案例

（一）廉政风险

在相关方结算中故意拖延结算，篡改结算数据、材料或结算依据，为个人或他人谋取利益。

（二）责任人员履职要求

1. 熟知《工程项目标准化管理手册》、《工程项目相关方管理办法》，了解掌握工程及服务项目结算的程序、规则等。

2. 熟练应用智慧企业治理系统中关于相关方结算的数字化模型，了解掌握相关方结算审核标准。

（三）防控措施及工作标准

防控措施一：按照合同约定，通过收款与相关方结算的关联关系，设置相关模型的关联启动条件及办理时限，约束结算时长。

工作标准：

1. 项目主管分析上位合同收款及下位合同结算的关联关系，确定结算办理时长，并将其设置为相关模型的办理时限。

2. "资金收款模型"自动触发"相关方结算材料提交模型"，项目部须在办理时限内完成结算材料的提交。

3.项目主管通过"相关方结算审查模型"对结算材料进行审核，在办理时限内确认结算。

防控措施二：制定结算材料清单，固化结算审核标准，实施两级审批机制，规范结算及审核过程。

工作标准：

1.项目主管根据《工程项目标准化管理手册》、《工程项目相关方管理办法》内容，将结算所需材料写入"相关方结算材料清单模型"，将结算审核标准写入"相关方结算审查标准模型"，通过二级审批后固化。

2.发起"相关方结算材料提交模型"后，项目负责人对比材料清单逐一提交结算材料。

3.项目主管通过"相关方结算审查模型"，逐条对照结算审查标准进行结算金额、依据等内容的审核。

4.项目主管确定结算金额、依据等准确无误后，经工程部经理、分管领导两级审批，确认无误后完成结算。

（四）责任追究

责任人员未按工作标准履职行权的，视情节轻重，给予第一种形态处理或纪律处分。

行权事项	工程及服务项目结算				
预先控制	廉政风险	在相关方结算中故意拖延结算，篡改结算数据、材料或结算依据，为个人或他人谋取利益。			
	风险控制前评价	风险值：24（频率P×程度S=4×6）		风险等级：重大风险	
	控制措施	1. 制定《工程项目标准化管理手册》《工程项目相关方管理办法》，确定相关方结算材料和相关方结算审查标准，并写入智慧企业模型，每次结算通过智慧企业模型逐项对比并进行审批。（A） 2. 按照合同约定，通过收款与相关方结算的关联关系，设置相关模型的关联启动条件及办理时限，约束结算时长。（B） 3. 定期开展监督检查，形成监督检查记录。（C） 4. 根据纪律处分条例、职工违规违纪处理实施细则、监督执纪第一种形态实施细则、同级监督工作办法等（D），开展责任追究工作。 5. 根据纪律处分条例、职工违规违纪处理实施细则、监督执纪第一种形态实施细则、同级监督工作办法等（D），开展责任追究工作。			
	风险控制后评价	风险值：2（频率P×程度S=1×2）		风险等级：低风险	
流程控制	工作流程	提交结算材料	审查结算材料	审核结算材料	结算审批	监督检查
	工作标准	1. 熟知合同条款及《工程项目标准化管理手册》。 2. 按照时限要求及结算材料清单，在规定的时限内通过智慧企业模型提交结算材料。（A，B）	1. 熟知合同条款及《工程项目标准化管理手册》。 2. 通过智慧企业相关方结算审查模型，对照审核标准逐项进行审查，确保数据准确。（A，B）	通过智慧企业审批模型，对项目主管的结算审查结果进行复核。（A）	通过智慧企业审批模型，对结算予以审批确认。（A）	1. 熟知结算依据及审查标准。（A） 2. 工程部对工程及服务项目的结算情况进行监督检查，每年至少开展1次。（A，B，C）

行权事项		工程及服务项目结算				
	岗位名称	项目负责人	项目主管	工程部经理	分管领导	项目主管
责任控制	岗位责任	1.对未按工作标准履职行权负直接责任。 2.视情节轻重，给予第一种形态处理或纪律处分。（D）	1.对未按工作标准履职行权负直接责任。 2.视情节轻重，给予第一种形态处理或纪律处分。（D）	1.对未按工作标准履职行权负直接责任。 2.视情节轻重，给予第一种形态处理。（D）	1.对未按工作标准履职行权负直接责任。 2.视情节轻重，给予第一种形态处理。（D）	1.对未按工作标准履职行权负直接责任。 2.视情节轻重，给予第一种形态处理。（D）

★扩大自修费用签审案例

（一）廉政风险

虚报扩大自修项目，增加扩大自修费用。为逃避处罚删减质量不合格项目，为个人或他人谋取利益。

（二）责任人员履职要求

1.熟知《神华上航疏浚公司船员扩大自修管理办法》等相关制度，了解扩大自修项目对工作计划、技术工艺、验收质量要求。

2.参加扩大自修费用签审管控专题培训，提高扩大自修费用签审各岗位责任意识。

（三）防控措施及工作标准

防控措施一：实行扩大自修项目预审机制，由船舶自报扩大自修项目，岸基管理人员进行审批。

工作标准：

1.船舶轮机长、大副、自修队长每月 26 日按项目界定范围分别填写各自部门下月《船员扩大自修计划》、本月《船员扩大自修完工单》，经船长审核确认后上报机务主管审核。

2. 机务主管对船舶上报的《船员扩大自修计划》、《船舶月度扩大自修完工单》进行审核，将审核结果交机务监督长进行技术审核。经审核确认后的《船员扩大自修计划》作为下月船员扩大自修执行计划。

防控措施二：制定扩大自修项目质量评价标准，实施两级审核机制。

工作标准：

1. 船舶轮机长、大副、自修队长严格按照《船员扩大自修计划》开展自修工作，临时增加扩大自修项目要写明原因，机务主管审批同意后方可进行。

2. 船长汇总完工照片、工单等证明完工工程量、质量的相关材料，审核完工材料的真实性和完整性，并将完工材料提交机务主管审核。

3. 机务主管审核完工材料，依据《神华上航疏浚公司船员扩大自修管理办法》及《船员扩大自修项目界定价格表》对扩大自修项目维修质量进行初审，并核算出相应费用。

4. 机务监督长审核完工材料，依据《神华上航疏浚公司船员扩大自修管理办法》及《船员扩大自修项目界定价格表》对扩大自修项目维修质量进行复审，按照质量优 / 良 / 不合格对项目进行评估，作为费用的修正系数。

（四）责任追究

责任人员未按工作标准履职行权的，视情节轻重，给予第一种形态处理或纪律处分。

行权事项		扩大自修费用签审			
预先控制	廉政风险	虚报扩大自修项目,增加扩大自修费用。为逃避处罚删减质量不合格项目,为个人或他人谋取利益。			
	风险控制前评价	风险值:24(频率 P×程度 S=4×6)		风险等级:重大风险	
	风险控制措施	1. 制定《神华上航疏浚公司船员扩大自修管理办法》(A),明确扩大自修项目提报流程和质量评价标准。 2. 执行扩大自修计划及项目层级审核机制。(B) 3. 定期开展监督检查,形成监督检查记录。(C) 4. 根据纪律处分条例、职工违规违纪处理实施细则、监督执纪第一种形态实施细则、同级监督工作办法等(D),开展责任追究工作。			
	风险控制后评价	风险值:2(频率 P×程度 S=1×2)		风险等级:低风险	
流程控制	工作流程	自修计划及项目提报	自修计划及项目汇总	自修计划及项目初审	自修计划及项目复审
	工作标准	1. 填写各自部门下月《船员扩大自修计划》、本月《船员扩大自修完工单》。(A.15) 2. 严格按照批准的《船员扩大自修计划》开展自修工作,临时增加扩大自修项目要写明原因。(A.15) 3. 提供完工照片、工单等证明完工工程量、质量的相关材料。(A.15)	1. 审核确认各部门下月《船员扩大自修计划》、本月《船员扩大自修完工单》。 2. 汇总完工照片、工单等证明完工工程量、质量的相关材料,审核完工材料的真实性和完整性。	1. 审核确认各部门下月《船员扩大自修计划》、本月《船员扩大自修完工单》。 2. 依据《船员扩大自修范围界定表》对扩大自修项目进行确认。(A附件1) 3. 对扩大自修项目质量、费用进行审核。(A附件1,A.20)	1. 审核确认各部门下月《船员扩大自修计划》、本月《船员扩大自修完工单》。 2. 依据《神华上航疏浚公司船员扩大自修管理办法》及《船员扩大自修项目界定表》对扩大自修项目等级进行评定。(A.5)

续表

行权事项	扩大自修费用签审			
	岗位名称	船舶大副、轮机长、自修队队长	船长	机务主管	机务监督长
责任控制	岗位责任	1.对未按工作标准履职行权负直接责任。 2.视情节轻重,给予第一种形态处理或纪律处分。(D)	1.对未按工作标准履职行权负直接责任。 2.视情节轻重,给予第一种形态处理或纪律处分。(D)	1.对未按工作标准履职行权负直接责任。 2.视情节轻重,给予第一种形态处理或纪律处分。(D)	1.对未按工作标准履职行权负直接责任。 2.视情节轻重,给予第一种形态处理或纪律处分。(D)

★船舶燃油加装案例

(一)廉政风险

在船舶燃油加装过程中,违规变更加油数量,签收量与实际加装量不符。对燃油质量管控不严,以次充好,为个人或他人谋取利益。

(二)责任人员履职要求

1.熟知《神华上航疏浚公司船舶燃油管理办法》等相关制度,了解掌握船舶燃油加装中对燃油数量、质量的要求。

2.熟知船舶燃油加装相关表单的内容以及关于《燃油下月补给计划审批单》、《船舶油水补给审批》的操作流程。

(三)防控措施及工作标准

防控措施一:实施燃油加装数量、质量过程管控。

工作标准:

1.物资主管负责协调供应商根据当年签订的合同条款以及申请单上的燃油类型、数量提供报价,经确认无异议后通知供应商准备燃油。

2.二管轮在加油前和加油后分别测量受油船上存油量,核对加油船流量表读数,记录加装燃油温度,核对受油船吃水差,采集油样。查看供油船上舱容表、单据，供油船上的燃油存量应与单据上表明的数量一致，如有差别，要求供油船给出书面说明。

3. 轮机长为燃油加装和驳运操作的负责人，负责签署加油单据、确认油样，加盖船章，并对二管轮的操作进行核查。

防控措施二：制定签收标准，严格控制燃油加装数量、质量。

工作标准：

1. 船舶受油作业前轮机长向供应商索取油品质量报告，再次审核供油质量指标。

2. 加油总量误差在 3% 以内，按照约定供油量为准，受油船可在供油船出具的供油凭证上签字盖章，确认单上由轮机长、船长共同签字；加油总量误差超过 3%，受油船轮机长拒绝在供油凭证上签字盖章，保留好双方的测量记录。

3. 加油数量确认单须一式 3 份留存，船舶、项目部及所属单位主管部门各 1 份。受油船所有单据资料要集中存档，保存时间按有关规定执行。

4. 当燃油发生质量问题时，机务主管负责组织船舶取证，并与供应商进行交涉，采取合理措施处理该批次油品，降低损失；同时就燃油质量问题带来的损失向供应商索赔。

（四）责任追究

责任人员未按工作标准履职行权的，视情节轻重，给予第一种形态处理或纪律处分。

行权事项		船舶燃油加装				
预先控制	廉政风险	在船舶燃油加装过程中，违规变更加油数量，申请量与实际加装量不符。对燃油质量管控不严，以次充好，为个人或他人谋取利益。				
	风险控制前评价	风险值：24（频率P×程度S=4×6）			风险等级：重大风险	
	控制措施	1. 制定《神华上航疏浚公司船舶燃油管理办法》（A），明确受油船舶岗位职责，执行燃油加装申请、补给过程及数量核定、质量控制措施等。 2. 执行燃油加装审批机制（B），留存加油数量确认单、油品质量报告等。 3. 定期开展监督检查，形成监督检查记录。（C） 4. 根据纪律处分条例、职工违规违纪处理实施细则、监督执纪第一种形态实施细则等（D），开展责任追究工作。				
	风险控制后评价	风险值：2（频率P×程度S=1×2）			风险等级：低风险	
流程控制	工作流程	计划执行	燃油加装	加油确认	质量管控	监督检查
	工作标准	1. 按照《船舶燃油补给申请单》审批结果通知供应商报价及备油。（A.12，B） 2. 将协调后的最终燃油种类、加油数量、补给时间、补给地点通知船舶准备受油。（A.13，B）	1. 燃油加装开泵前，受油船二管轮负责校对加油船、受油船流量计，并测量加油前受油船燃油存量底数，记录好当时船舶吃水情况。 2. 加油过程中做好油样的采集工作，并严格遵照《船舶燃油管理办法》执行。（A.5）	1. 向供应商索取油品质量报告，再次审核供油质量指标。 2. 加油总量误差在3%以内，按照约定供油量为准，受油船可在供油船出具的供油凭证上签字盖章，确认单上由轮机长、船长共同签字；加油总量误差超过3%，受油船轮机长拒绝在供油凭证上签字盖章，保留好双方的测量记录。（A.41，B） 3. 将实际补给的油品种类和数量报项目部及设备管理部备案。（A.42、43）	1. 当油品出现质量问题时，接收船舶提报的《燃油质量反馈单》。（A.7） 2. 组织油样化验，如情况属实，填报《船舶油品供应争议备忘录》，并向供应商提出处理意见。（A.7）	1. 熟知燃油管理的整体工作要求。 2. 对各船舶每次的燃油加装过程及资料进行监督检查，每年至少进行一次检查。

续表

行权事项		船舶燃油加装				
	岗位名称	物资主管	二管轮	轮机长	机务主管	物资主管
责任控制	岗位责任	1. 对未按工作标准履职行权负直接责任。 2. 视情节轻重，给予第一种形态处理或纪律处分。（D）	1. 对未按工作标准履职行权负直接责任。 2. 视情节轻重，给予第一种形态处理或纪律处分。（D）	1. 对未按工作标准履职行权负直接责任。 2. 视情节轻重，给予第一种形态处理或纪律处分。（D）	1. 对未按工作标准履职行权负直接责任。 2. 视情节轻重，给予第一种形态处理或纪律处分。（D）	1. 对未按工作标准履职行权负直接责任。 2. 视情节轻重，给予第一种形态处理或纪律处分。（D）

★项目部绩效考核案例

（一）廉政风险

在项目部考核月度评分环节，未全面、公正地进行评价、评分。在考核中篡改考核数据，弄虚作假、谋取私利。

（二）责任人员履职要求

1. 熟知《神华上航疏浚公司工程项目部奖金考核实施细则》等相关制度，了解掌握项目部绩效考核的程序、标准等。

2. 熟练应用智慧企业治理系统中关于项目部绩效考核的数字化管控模型。

（三）防控措施及工作标准

防控措施一：根据制度内容建立智慧企业模型，将考核标准、计算规则写入模型，直接从系统内提取考核数据，减少人为因素影响，确保数据真实可靠。

工作标准：

1. 项目主管在项目开工前，将项目部绩效考核得分标准、分值分配标准、调整因素等制度固化的内容写入数字化管控模型，将产值指标计算规则写入项目部绩效考核产值指标计算模型，并通过工程部经理、分管领导审批后存档。

2.每月初系统定时启动"项目部绩效考核产值指标计算模型"，从系统中读取本月计划投入的施工船舶及生产效率，项目主管录入计划施工天数后，系统自动计算月度考核指标。

3.每月底系统定时启动"项目部绩效考核得分计算模型"，自动提取本月数据，通过提前写入的考核得分标准自动判定得分。

防控措施二：

建立各部门参与评价机制，同时将评价及评分公开展示到数字化展板，接受全员监督。

工作标准：

1.每月底系统定时启动"项目部评分各部门评价扣分模型"，各部门负责人根据制度要求及各项目部月度工作完成情况，对各项目部月度工作进行评价，并提出扣分建议。

2.各部门负责人完成评价后，触发"项目部月度评分模型"，分管领导根据各部门负责人提供的评价及扣分建议，确定最终得分。

3.整个评分过程中的评价、扣分建议及得分同步展示到项目部绩效考核数字展板，接受全员监督。

（四）责任追究

责任人员未按工作标准履职行权的，视情节轻重，给予第一种形态处理或纪律处分。

行权事项	项目部绩效考核						
预先控制	廉政风险	在项目部考核月度评分环节，未全面、公正地进行评价、评分。在考核中篡改考核数据，弄虚作假、谋取私利。					
	风险控制前评价	风险值：24（频率 P×程度 S=4×6）				风险等级：重大风险	
	控制措施	1. 制定《神华上航疏浚公司工程项目部奖金考核实施细则（试行）》，建立智慧企业模型，将计算规则写入系统，直接从系统内提取考核数据，减少人为影响，规范考核。（A） 2. 建立各部门参与评价机制（B），同时将评价及评分公开展示到数字化展板（C），接受全员监督。 3. 定期开展监督检查，形成监督检查记录。（C） 4. 根据纪律处分条例、职工违规违纪处理实施细则、监督执纪第一种形态实施细则、同级监督工作办法等（D），开展责任追究工作。					
	风险控制后评价	风险值：2（频率 P×程度 S=1×2）				风险等级：低风险	
流程控制	工作流程	制定考核指标	考核指标审批	校核计算指标	指标考核得分审批	项目月度工作评价	项目月度工作评分	监督检查
	工作标准	每月25日指标计算模型定时发起，根据项目主管选取的项目名称及月份，从系统中提取施工计划数据，制定下月度考核指标。（A）	经智慧企业审批模型审批确定指标。（A）	如项目因制度规定的不可抗力等因素影响进度，项目主管发起指标计算模型提取新的施工数据，自动进行指标校核。（A）	1. 每月28日系统定时发起考核得分计算模型，计算得出本月考核得分。（A） 2. 经智慧企业审批模型审批确定考核得分。（A）	1. 每月26日各部门负责人通过项目部评分各部门评价扣分模型，在时限内给出评价及评分建议。（B） 2. 数据同步展示到展板，接受全员监督。（C）	1. 分管领导根据各部门负责人提供的评价及扣分建议，确定最终得分。 2. 数据同步展示到展板，接受全员监督。（C）	1. 熟知考核标准。（A） 2. 工程部对项目部绩效考核过程及结果进行监督检查，每年至少开展1次。（A，C，D）

续表

行权事项	项目部绩效考核							
	岗位名称	项目主管	工程部经理	项目主管	分管领导	各部门负责人	分管领导	项目主管
责任控制	岗位责任	1.对未按工作标准履职行权负直接责任。2.视情节轻重,给予第一种形态处理或纪律处分。(D)	1.对未按工作标准履职行权负直接责任。2.视情节轻重,给予第一种形态处理或纪律处分。(D)	1.对未按工作标准履职行权负直接责任。2.视情节轻重,给予第一种形态处理或纪律处分。(D)	1.对未按工作标准履职行权负直接责任。2.视情节轻重,给予第一种形态处理。(D)	1.对未按工作标准履职行权负直接责任。2.视情节轻重,给予第一种形态处理。(D)	1.对未按工作标准履职行权负直接责任。2.视情节轻重,给予第一种形态处理。(D)	1.对未按工作标准履职行权负直接责任。2.视情节轻重,给予第一种形态处理。(D)

★项目投标案例

(一)廉政风险

在投标过程中发生标书错误、出借资质、围标串标、泄露公司机密等,造成公司经济损失和不良影响。

(二)责任人员履职要求

1.熟知《中华人民共和国招标投标法》、《中华人民共和国招标投标法实施条例》等法律法规,了解掌握招投标相关的法律法规。

2.熟知《市场经营管理标准》等相关制度,了解掌握公司项目投标的流程及相关规定。

3.参加安全保密专题培训,签订个人保密承诺书,具有较高的安全保密责任意识。

(三)防控措施及工作标准

防控措施一:指定一名投标负责人负责组编完整的投标文件,指定一名投标配合人与投标负责人配合协作并检查投标文件,彼此进行制约与监督。

工作标准：

1. 对完成报名的拟投标项目，市场经营部经理指定投标负责人、投标配合人，同时将技术标的编制分解至工程部，将报价文件编制分解至造价工程师，并分发招标文件。

2. 投标负责人组织标前会，收集各专业负责人针对招标文件提出的反馈意见，明确招标文件的各项要求。

3. 投标负责人根据投标项目的要求和标准，向归口业务部门收集编制商务标所需的有关人员、业绩、资质等方面的材料，由投标配合人检查无误后采纳使用。

4. 商务标初稿完成后由投标配合人进行逐项检查，确保数据无误。

5. 投标负责人收集技术标、报价文件，与商务标组成完整的投标文件。投标配合人对投标文件的内容、格式、顺序等逐一检查，确保数据无误。

6. 对经过投标负责人最终组编、投标配合人检查的投标文件，在开标前，由市场经营部经理进行最终审核。

7. 对于电子标，按招标平台要求由投标负责人、投标配合人共同上传投标文件；对于纸质标，由投标负责人、投标配合人现场打印投标文件，签章、装订、密封后，删除电脑中的文件浏览痕迹及留存资料。

防控措施二：严格投标机密文件管控，对投标报价进行时限管控，在出具报价后，对投标相关人员进行空间管控。

工作标准：

1. 投标报价至少在开标截止时间 24 小时内确定，由造价工程师根据最终报价做出报价清单。造价工程师将报价清单传递给投标负责人，由投标负责人对投标文件进行最终组编。

2. 投标文件上传后，市场经营部经理暂时收取投标相关人员（投标负责人、投标配合人、造价工程师等）的通信工具，投标相关人员集中在固定地点等待开标，并进行互相监督，防止泄露投标信息。

防控措施三：执行线上审批，通过智慧企业模型进行管控。

工作标准：

1.投标项目所需的有关人员、业绩、奖项、资质等证书，均通过智慧企业模型向归口业务部门进行实时收集，以保证所收集资料的及时、有效性。

2.投标负责人使用"投标文件编制"模型进行投标文件编制，由投标配合人进行技术审核，由市场经营部经理进行审批，全部实现线上运行。

3.市场经营部经理依据管理标准和投标模型，对每一项工作任务进行过程管控，定期开展监督检查。

（四）责任追究

责任人员未按工作标准履职行权的，视情节轻重，给予第一种形态处理或纪律处分。

行权事项		项目投标	
预先控制	廉政风险	在投标过程中发生标书错误、出借资质、围标串标、泄露公司机密等，造成公司经济损失和不良影响。	
	风险控制前评价	风险值：24（频率P×程度S=4×6）	风险等级：重大风险
	风险控制措施	1.制定《市场经营管理标准》（A），严格按照招标文件要求编制投标文件，完全响应文件内容，并对公司资料进行严格保密。 2.对投标项目指定一名投标负责人、一名投标配合人，互相配合协作，并进行制约与监督。（B） 3.定期开展监督检查，形成监督检查记录。（C） 4.根据纪律处分条例、职工违规违纪处理实施细则、监督执纪第一种形态实施细则、同级监督工作办法等（D），开展责任追究工作。	
	风险控制后评价	风险值：2（频率P×程度S=1×2）	风险等级：低风险

续表

行权事项		项目投标				
	工作流程	标前准备	标书编制及审核		标书上传	保密管控	监督检查
流程控制	工作标准	1. 市场经营部经理对完成报名的拟投标项目进行负责人分配和任务分解。（A1.2，B） 2. 投标负责人组织标前会，收集各专业负责人针对招标文件提出的反馈意见。（A1.2，B）	投标报价至少在开标前24个小时内确定，由造价工程师根据最终报价做出报价清单，转交投标负责人。	1. 投标负责人根据要求，向业务部门收集资料，编制资信标；开标前两天收集技术标；开标前一天收集商务标，最终组编成完整的投标文件。（A1.4，B） 2. 投标配合人对投标文件的各项内容进行检查、复核。（A，B） 3. 市场经营部经理对最终生成的投标文件进行终审。（A1.6，B）	1. 对电子标，由投标负责人、投标配合人共同上传投标文件。 2. 对纸质标，由投标负责人、投标配合人现场打印标书，并在完成签章装订、密封后，删除电脑内的浏览痕迹及留存资料。（A1.5，B）	投标文件上传后，市场经营部经理将投标相关人员的通信工具暂收，将投标相关人员集中在固定地点等待开标，并相互监督，防止泄露投标信息。（B）	1. 熟知投标工作中的工作要求和标准。（A） 2. 依据管理标准和投标模型，对各工作任务定期开展监督检查。（C）
责任控制	岗位名称	市场经营部经理、投标负责人	造价工程师	投标负责人、投标配合人、市场经营部经理	投标负责人、投标配合人	市场经营部经理	市场经营部经理
	岗位责任	1. 对未按工作标准履职行权负直接责任。 2. 视情节轻重，给予第一种形态处理或纪律处分。（D）	1. 对未按工作标准履职行权负直接责任。 2. 视情节轻重，给予第一种形态处理或纪律处分。（D）	1. 对未按工作标准履职行权负直接责任。 2. 视情节轻重，给予第一种形态处理或纪律处分。（D）	1. 对未按工作标准履职行权负直接责任。 2. 视情节轻重，给予第一种形态处理或纪律处分。（D）	1. 对未按工作标准履职行权负直接责任。 2. 视情节轻重，给予第一种形态处理或纪律处分。（D）	1. 对未按工作标准履职行权负直接责任。 2. 视情节轻重，给予第一种形态处理或纪律处分。（D）

★设备外委项目采购需求提报与执行案例

（一）廉政风险

在新建、维修、改造设备项目采购需求提报与执行过程中，违规立项、合同约定条款不合理、未按要求执行项目，为个人或他人谋取利益。

（二）责任人员履职要求

1. 熟知《国能黄骅港务公司采购管理办法》、《国能黄骅港务公司合同管理办法》、《国能黄骅港务公司授权管理手册》、《国能黄骅港务公司装卸设备运行管理办法》、《国能黄骅港务公司工程维修项目验收管理办法（试行）》、《国能黄骅港务公司建设项目验收管理办法（试行）》、《设备管理中心（技术中心）外委项目管理细则》等相关制度，了解掌握设备外委项目采购与执行管理相关规定流程。

2. 参加项目管理制度及风险管控培训，具有较高的项目管理、合同管理方面合规意识。

（三）防控措施及工作标准

防控措施一：通过 OA 系统实行线上层级审核项目采购需求。

工作标准：

1. 设置合规管理员一人，专审项目采购需求及合同模板、采购技术文件的合规性、合理性。

2. 项目负责人编制项目采购需求，通过 OA 线上提报采购需求，附合同模板及采购技术文件，经审核通过后转采购与物资管理中心进行项目采购。按照"合规管理员—科室负责人—部门分管副经理—部门经理"顺序层级审核采购需求。

防控措施二：在合同签订阶段组织合同谈判，通过 OA 系统实行线上层级审核合同条款。

工作标准：

1. 设置合同管理员一人，专审合同条款的合理性、合规性。

2. 中标通知书下发 10 个工作日内，项目负责人根据招投标文件、合同模板组织合同谈判，确保中标单位实质性响应招标文件，并落实合同条款，编制合同初稿，留存谈判纪要。合同谈判应有需求部门参加，必要时邀请相关职能部室参加。

3. 项目负责人在 OA 系统内提报合同审核，在中标通知书下发 30 个日历日内组织合同签订。按照"合同管理员—科室负责人—部门分管副经理—部门经理"顺序层级审核合同条款。

防控措施三：在项目执行阶段组织设计联络会，确保设备品牌、厂商选择合规性、合理性、科学性；组织施工组织（方案）审查会，确保项目安全、质量、进度受控。

工作标准：

1. 项目负责人组织联络会审核设计文件，留存会议纪要，并通过 OA 部门请示提报审批。会议需有需求部门、设计单位、监理单位、施工单位参加，必要时邀请相关职能部室及公司领导参加。

2. 项目负责人组织施工组织（方案）审查会，对施工方编制施工组织（方案）进行审核，并提报施工组织（方案）报审表进行线下审批。会议需有需求部门、监理单位、施工单位参加，必要时邀请相关职能部室参加。

3. 项目负责人对相关方项目作业进行每日现场监管，在项目现场开工、施工关键节点、现场测试运行期间项目负责人必须现场监管。科室负责人对本科室所辖项目业务不定期巡查监管；部门安全员对部门所辖项目每日抽样巡查监管；部门经理对部门所辖项目不定期巡查监管。

（四）责任追究

责任人员未按工作标准履职行权的，视情节轻重，给予第一种形态处理或纪律处分。

行权事项		设备外委项目采购需求提报与执行			
预先控制	廉政风险	在新建、维修、改造设备项目采购需求提报与执行过程中，违规立项、合同约定条款不合理、未按要求执行项目，为个人或他人谋取利益。			
	风险控制前评价	风险值：24（频率P×程度S=4×6）		风险等级：重大风险	
	风险控制措施	1. 制定《国能黄骅港务公司采购管理办法》（A），通过OA部门请示对采购需求实行线上审批，制定《设备（技术）管理中心外委项目管理细则》（B），对采购需求实行线下分级审核。 2. 制定《国能黄骅港务公司合同管理办法》（C）、《国能黄骅港务公司授权管理手册》（D），组织合同谈判，并通过OA实行合同线上审批。 3. 制定《国能黄骅港务公司装卸设备运行管理办法》（E），组织相关部门共同监督合同的执行，并留存过程文件。 4. 根据纪律处分条例、职工违规违纪处理实施细则、监督执纪第一种形态实施细则等（G），开展责任追究工作。			
	风险控制后评价	风险值：2（频率P×程度S=1×2）		风险等级：低风险	
流程控制	工作流程	提报采购需求		合同审批	监督执行
	工作标准	1. 编制项目采购需求，通过OA线上提报采购需求，附合同模板及采购技术文件。 2. 经审核通过后转采购与物资管理中心进行项目采购。（A.28、29、30）	通过OA线上审核采购需求、合同模板、采购技术文件的合规性、合理性，并填写审核意见。（B.29）	1. 中标通知书下发10个工作日内根据招投标文件、合同模板组织合同谈判，确保中标单位实质性响应招标文件，并落实合同条款，编制合同初稿，留存谈判纪要。（C.22、23） 2. 在公司OA系统内提报合同审核（C），在中标通知书下发30个日历日内组织合同签订。（C.24）	通过OA系统线上审核合同条款的合理性、合规性，并填写审核意见。（B.32）	1. 组织联络会审核乙方设计文件，留存会议纪要，并通过OA部门请示提报审批。（E.49） 2. 组织施工组织（方案）审查会，对施工方编制的施工组织（方案）进行审核，并提报施工组织（方案）报审表进行线下审批。（E.49） 3. 定期对项目进行现场监督检查，填写同场作业巡查记录表。（E.49）

续表

行权事项	设备外委项目采购需求提报与执行				
责任控制	岗位名称	项目负责人	合规管理员、项目主管科室负责人、设备管理中心副经理及经理	项目负责人	合同管理员、项目主管科室负责人、设备管理中心副经理及经理	项目负责人
	岗位责任	1.对未按工作标准履职行权负直接责任。2.视情节轻重，给予第一种形态处理或纪律处分。（G）	1.对未按工作标准履职行权负直接责任。2.视情节轻重，给予第一种形态处理或纪律处分。（G）	1.对未按工作标准履职行权负直接责任。2.视情节轻重，给予第一种形态处理或纪律处分。（G）

★ 设备外委项目结算付款案例

（一）廉政风险

未按合同约定结算、付款，结算审核不严，应核减未核减，提前支付或故意拖延支付，造成公司经济损失或不良影响。

（二）责任人员履职要求

1.熟知《设备管理中心（技术中心）外委项目管理细则》、《设备管理中心（技术中心）成本费用管控细则》等相关制度，了解掌握设备外委项目结算、付款规定。

2.参加项目典型风险管理培训，具有较高的项目管理及结算、付款管理合规意识。

（三）防控措施及工作标准

防控措施一：项目结算实行部门层级前置审核通过后提报 OA 线上审批流程。项目结算实行专人提报，保证提报及时性、准确性、合规性。

工作标准：

1. 安排一人担任成本管理员，统一管控项目结算计划、进度及线上提报审批。

2. 项目负责人将项目结算资料线下提报至科室负责人，重点审核是否存在应核减未核减现象；再提报至成本管理员，重点审核结算资料是否齐全。

3. 成本管理员建立结算登记台账，交接结算资料，登记内容应包含结算事由、金额、佐证资料、票据的数量，并由项目负责人、科室负责人、成本管理员三方签字。

4. 项目负责人每月 25 日前将完整的结算材料经科室负责人审核通过后提交成本管理员，成本管理员审核后于下个月提报 OA 财务管控系统结算流程。因特殊情况不能在 25 日前提交结算材料的，项目负责人需在 25 日前告知成本管理员下个月的预计结算金额，并在下个月的 15 日前，提交完整的结算材料。

防控措施二：项目付款实行部门层级前置审核通过后提报 OA 线上审批流程。项目付款实行专人提报，保证提报及时性、准确性、合规性。

工作标准：

1. 成本管理员统一管控项目付款资金使用计划、进度及线上提报审批。

2. 项目付款资料由项目负责人线下提报至科室负责人，重点审核付款是否符合合同规定；再提报至成本管理员，重点审核付款资料是否齐全。

3. 成本管理员建立资金使用计划登记台账，交接付款资料，登记内容应包含付款事项、金额、供应商等，并由项目负责人、科室负责人、成本管理员三方签字。

4. 项目负责人每月 23 日前将完整的付款材料经科室负责人审核通过后提交成本管理员，成本管理员审核后于下个月走 OA 财务管控系统付款流程。因特殊情况不能在 23 日前提交付款材料的，项目负责人需在 23 日前告知成本管理员下个月的资金使用计划，并在下个月的 15 日前，提交完整的付款材料。

（四）责任追究

责任人员未按工作标准履职行权的，视情节轻重，给予第一种形态处理或纪律处分。

行权事项		设备外委项目结算付款		
预先控制	廉政风险	未按合同约定结算、付款，结算审核不严，应核减未核减，提前支付或故意拖延支付，造成公司经济损失或不良影响。		
	风险控制前评价	风险值：16（频率 P×程度 S=4×4）		风险等级：中等风险
	控制措施	1.制定《设备（技术）管理中心外委项目管理细则》（A），明确结算、付款资料明细，建立分层审核机制。 2.制定《国能黄骅港务公司授权管理手册》（B），提交 OA 财务管控平台结算、付款流程进行项目结算公司逐级审批，并最终结算。 3.根据纪律处分条例、职工违规违纪处理实施细则、监督执纪第一种形态实施细则、同级监督工作办法等（C），开展责任追究工作。		
	风险控制后评价	风险值：2（频率 P×程度 S=1×2）		风险等级：低风险
流程控制	工作流程	结算、付款依据收集制单	结算、付款审核	结算、付款审批
	工作标准	1.收集汇总项目结算、付款依据，主要包括合同、《到货验收单》、《验收单》、《质保金支付申请》、《结算审计报告》增值税专用发票及收据等。（A） 2.每月分别于25日、23日前对结算、付款依据进行初审，填写审核记录。（A） 3.因特殊情况不能在25日前提交结算材料的，项目负责人需在25日前告知成本管理员下个月的预计结算金额，并在下个月的15日前，提交完整的结算材料。因特殊情况不能在23日前提交付款材料的，项目负责人需在23日前告知成本管理员下个月的资金使用计划，并在下个月的15日前，提交完整的付款材料。	每月分别于25日、23日前，对结算、付款依据文件和结算、付款金额进行线下审核，并填写审核意见，对结算、付款及时性进行监督。于下个月提报OA财务管控系统结算、付款流程。（A）	在 OA 财务管控系统中对费用结算、付款单进行审核，填写审核意见。（B）

续表

行权事项	设备外委项目结算付款			
	岗位名称	项目负责人	项目主管科室负责人、成本管理员	设备管理中心经理
责任控制	岗位责任	1.对未按工作标准履职行权负直接责任。2.视情节轻重,给予第一种形态处理或纪律处分。(C)	1.对未按工作标准履职行权负直接责任。2.视情节轻重,给予第一种形态处理或纪律处分。(C)	1.对未按工作标准履职行权负直接责任。2.视情节轻重,给予第一种形态处理。(C)

★临时用电管理案例

（一）廉政风险

在临时用电审批过程中拖延审批,在电费核算过程中未按实际用电量办理核算,为个人或他人谋取利益。

（二）责任人员履职要求

1.熟知《国能黄骅港务公司供用电管理办法》、《国能黄骅港务公司相关方管理办法》、《国能黄骅港务公司高风险作业管理办法》、《国能黄骅港务公司合同管理办法》、《国能黄骅港务公司授权管理手册》等相关制度,了解掌握临时用电管理相关规定。

2.熟知临时用电管理工作流程,具备供配电操作及管理经验。

（三）防控措施及工作标准

防控措施一：安排专人负责临时用电管理和电费核算工作,彼此之间进行制约与监督。

工作标准：

1.安排一名技术员负责临时用电管理,包括临时用电审批、现场送电、临时用电停电等。确定临时用电单位缴费周期,核对需缴纳的购电费、校表费，督促临时用电单位签订临时用电协议或临时用电承诺书。对电度表进行校验，确认合格后加装铅封。

2.安排另外一名技术员负责电费核算，对临时用电进行月度用电统计，根据临时用电协议或临时用电承诺书约定的缴费周期及现场实际临时用电情况确认电费，录入《临时用电统计表》，并监督临时用电单位及时缴纳电费。

3.技术员（电费核算）利用财务管控系统完成电费确认、收款提报，以电子回单作为收款依据，审核电费核算的真实性和准确性。

4.技术员（电费核算）和用电方根据电度表计量核实用电过程电费核算的准确性。

防控措施二：实行线上申请审批办理机制。

工作标准：

1.临时用电申请、临时用电停用申请均通过公司 OA 系统进行线上审批。

2.各业务部门负责人审核临时用电、临时用电停用申请后，提报设备管理中心审批。

3.技术员（电费核算）审核临时用电、停用申请后，由科室和部门负责人进行审批。

（四）责任追究

责任人员未按工作标准履职行权的，视情节轻重，给予第一种形态处理或纪律处分。

行权事项		临时用电管理				
预先控制	廉政风险	在临时用电审批过程中拖延审批，在电费核算过程中未按实际用电量办理结算，为个人或他人谋取利益。				
	风险控制前评价	风险值：16（频率 P×程度 S=4×4）		风险等级：中等风险		
	风险控制措施	1.制定《国能黄骅港务公司供用电管理办法》（A）、《国能黄骅港务公司相关方管理办法》（B）、《国能黄骅港务公司高风险作业管理办法》（C）、《国能黄骅港务公司合同管理办法》（D）、《国能黄骅港务公司授权管理手册》（E），开展临时用电管理工作。 2.安排专人负责临时用电管理工作。（F） 3.实行临时用电审批机制。（G） 4.工作过程保留纸质文本。（H） 5.根据纪律处分条例、职工违规违纪处理实施细则、监督执纪第一种形态实施细则、同级监督工作办法等（I），开展责任追究工作。				
	风险控制后评价	风险值：2（频率 P×程度 S=1×2）		风险等级：低风险		
流程控制	工作流程	临时用电申请	现场送电	电费核算	临时用电停用	临时用电结算、退费
	工作标准	1.审核临时用电单位临时用电申请，确认符合用电要求。（A.28、29，G，H） 2.确定临时用电单位缴费周期，核算需缴纳的购电费、校表费，按照相关规定督促临时用电签订临时用电协议或临时用电承诺书。（A.31，H） 3.核实临时用电单位是否缴纳购电费、校表费。（A.31，H） 4.对电度表进行校验，确认合格。（A.38，H）	对临时用电申请进行审批。（G，H） 1.核实满足现场送电要求。（F，H） 2.查看现场配电设施符合临时用电规范和送电条件。（A.32，H） 3.送电后，将用电现场电度表加装铅封。（A.32，H）	1.对临时用电进行月度用电统计，并录入《临时用电统计表》。（A.41，H） 2.根据临时用电协议或临时用电承诺书约定缴费周期及现场临时用电实际用电情况进行电费确认，并监督临时用电单位及时缴纳电费。（A.41，H） 3.利用财务管控系统完成电费确认、收款提报，以电子回单作为收款依据。（F，G，H）	1.供电回路停电，现场抄表，确认最终电表读数。（H） 2.进行电费确认，并督促临时用电单位及时结清电费。（A.41，H） 3.核实临时用电现场具备停用撤场条件。（A.40，G，H） 4.监督临时用电单位撤场，配合区域管理部门做好临时用电现场恢复工作。（A.40，H）	1.确定临时用电单位剩余购电费，出具退款申请单并盖章、签字确认。（F，H） 2.利用财务管控系统完成临时用电单位退费结算提报。（G，H）

续表

行权事项	临时用电管理					
	岗位名称	技术员（临时用电管理）	供电管理科科长、设备管理中心经理	技术员（临时用电管理）	技术员（电费核算）	技术员（临时用电管理）	技术员（临时用电管理）、设备管理中心经理
责任控制	岗位责任	1.对未按工作标准履职行权负直接责任。2.视情节轻重，给予第一种形态处理或纪律处分。（I）	1.对未按工作标准履职行权负直接责任。2.视情节轻重，给予第一种形态处理。（I）	1.对未按工作标准履职行权负直接责任。2.视情节轻重，给予第一种形态处理或纪律处分。（I）	1.对未按工作标准履职行权负直接责任。2.视情节轻重，给予第一种形态处理或纪律处分。（I）	1.对未按工作标准履职行权负直接责任。2.视情节轻重，给予第一种形态处理或纪律处分。（I）	1.对未按工作标准履职行权负直接责任。2.视情节轻重，给予第一种形态处理或纪律处分。（I）

★办公车辆使用案例

（一）廉政风险

驾驶办公车辆离开工作区域从事与业务无关的活动，造成公司经济损失或不良影响等。

（二）责任人员履职要求

熟知《国能黄骅港务公司车辆管理办法》等相关制度，了解掌握办公车辆使用申请审批流程及使用管理规定。

（三）防控措施及工作标准

防控措施一：实行专人专管，传达办公车辆使用管理规定及用车申请流程，通过信息系统固化用车申请模板。

工作标准：

1. 各部门安排一人担任车辆管理员，在部门内传达办公车辆使用管理规定和用车申请流程。

2. 用车人使用办公车辆出港,通过 E 港通线上提出用车申请,填写驾驶人姓名、出行时间、返回时间、目的地和出车事由等。

防控措施二:通过信息系统实行分类分级审批。

工作标准:

1. 使用部门办公车辆办理业务,部门负责人审核车辆使用申请,填写审批意见。

2. 使用公司办公车辆办理业务,生产保障中心经理及分管领导审核车辆使用申请,填写审批意见。

3. 部门负责人用车时,部门分管领导审核车辆使用申请,填写审批意见。

防控措施三:所有人均熟悉公司车辆管理办法相关要求和注意事项,用车完毕后及时结束流程。

工作标准:

1. 使用部门办公车辆返港后,通过 E 港通及时确认返港时间,对用车过程实施闭环管理。

2. 各部门车辆管理员定期检查用车申请的真实性和用车时间的合理性,做好提醒和监督。

3. 设备管理中心车辆管理员对各部门办公车辆使用情况定期进行监督检查。

（四）责任追究

责任人员未按工作标准履职行权的,视情节轻重,给予第一种形态处理或纪律处分。

行权事项		办公车辆使用			
预先控制	廉政风险	驾驶办公车辆离开工作区域从事与业务无关的活动，造成公司经济损失或不良影响等。			
	风险控制前评价	风险值：20（频率 P×程度 S=4×5）		风险等级：重大风险	
	控制措施	1. 制定《国能黄骅港务公司车辆管理办法》（A），按车辆用途分类（A.2），执行车辆使用审批。 2. 实行车辆出港申请信息系统线上审批。（B） 3. 形成监督检查记录。（C） 4. 根据纪律处分条例、职工违规违纪处理实施细则、监督执纪第一种形态实施细则、同级监督工作办法等（D），开展责任追究工作。			
	风险控制后评价	风险值：2（频率 P×程度 S=1×2）		风险等级：低风险	
流程控制	工作流程	申请用车	用车审批	使用公车	监督检查
	工作标准	1. 熟知车辆使用整体要求。（A.20） 2. 使用办公车辆出港，通过 E 港通线上提出申请，填写出行时间、驾驶人姓名、目的地和出车事由等。（A.21、22） 3. 根据业务需要使用公司车队车辆出港，通过 E 港通线上填写派车单。（A.20）	1. 根据车辆使用整体要求进行审核或审批。（A.20） 2. 审核办公用车或生产用车出港使用申请，填写审批意见。（A.21、22） 3. 审核车辆使用派车单，填写审核意见。（B） 4. 生产保障中心经理审核车辆使用派车单（沧州市以内），填写审批意见。（B）	1. 根据车辆使用整体要求进行审批。（A.20） 2. 审核部门负责人办公用车或生产用车申请，填写审批意见。（A.21、22） 3. 生产保障中心分管领导审核车辆使用派车单（沧州市以外），填写审批意见。（B）	1. 按照申请的事项使用车辆，用车行为符合制度规定的车辆使用要求。 2. 在正常工作时间无法返回港内，将车辆停放至生产辅助区北区，车钥匙存放至门卫处，并进行登记。（A.23）	1. 熟知车辆使用整体要求。（A.20） 2. 车辆使用部门监督管理车辆日常使用情况。（A.8，C） 3. 设备管理中心对办公车辆使用情况进行监督检查。每季度至少开展1次。（A.40，C）

续表

行权事项	办公车辆使用				
	岗位名称	车辆使用人	使用部门负责人、授权人	分管领导	车辆使用人	各车辆管理员
责任控制	岗位责任	1.对未按工作标准履职行权负直接责任。2.视情节轻重，给予第一种形态处理或纪律处分。（D）	1.对未按工作标准履职行权负直接责任。2.视情节轻重，给予第一种形态处理。（D）	1.对未按工作标准履职行权负直接责任。2.视情节轻重，给予第一种形态处理。（D）	1.对未按工作标准履职行权负直接责任。2.视情节轻重，给予第一种形态处理或纪律处分。（D）	1.对未按工作标准履职行权负直接责任。2.视情节轻重，给予第一种形态处理。（D）

★公车维修管理案例

（一）廉政风险

虚报车辆维修项目或维修后未按合同约定价格结算，为个人或他人谋取利益，造成公司经济损失。

（二）责任人员履职要求

熟知《国能黄骅港务公司车辆管理办法》等相关制度，了解掌握公车维修申请审批流程及维修项目管理规定。

（三）防控措施及工作标准

防控措施一：实行专人专管，按照车辆维修额度实施分级分类审批。

工作标准：

1.各部门安排一人担任车辆管理员，部门车辆管理员为车辆维修第一责任人，掌握车辆故障情况及维修项目。

2.发生车辆计划维修、大型维修前，车辆管理员填写《车辆维修申请单》，据实填写车辆故障情况、维修内容、费用估算。发生车辆紧急维修前，车辆管理员向部门负责人或设备管理中心车辆管理员口头报告车辆故障情况、维修内容、费用估算。

3.各部门负责人根据了解的车况审核《车辆维修申请单》，对维修费估算在 5000 元以下的计划维修以及 1000 元以下的紧急维修，填写批准意见；对 5000 元以上的计划维修、大型维修和 1000 元以上的紧急维修，填写审核意见，提报车辆归口管理部门继续审核。

4.设备管理中心车辆管理员核实车况后审核 5000 元以上的计划维修、大型维修和 1000 元以上紧急维修的《车辆维修申请单》，填写审核意见，提报设备管理中心经理、设备管理中心分管领导审批。

防控措施二：签订车辆维修合同，实施车辆定点维修（除紧急维修外），由车辆归口部门统一办理车辆维修结算。

工作标准：

1.各部门车辆管理员赴定点维修单位开展车辆维修工作，维修结束后，车辆管理员根据车辆维修合同审核实际维修项目价格与合同约定价格是否一致，核实一致后在车辆维修单上签字确认，留存车辆维修单。

2.设备管理中心车辆管理员根据车辆维修合同复核维修项目及价格明细，办理维修结算。

3.设备管理中心定期对公车维修情况进行监督检查，核对车辆维修台账、车辆维修单等相关资料。

（四）责任追究

责任人员未按工作标准履职行权的，视情节轻重，给予第一种形态处理或纪律处分。

行权事项		公车维修管理				
预先控制	廉政风险	虚报车辆维修项目或维修后未按合同约定价格结算，为个人或他人谋取利益，造成公司经济损失。				
	风险控制前评价	风险值：20（频率P×程度S=4×5）			风险等级：重大风险	
	风险控制措施	1. 制定《国能黄骅港务公司车辆管理办法》（A），按照维修类型、维修额度由车辆使用部门和归口管理部门分级审核。 2. 车辆维修额度情况实行签字审批，留存维修申请单。（B） 3. 开展监督检查，形成监督检查记录。（C） 4. 根据纪律处分条例、职工违规违纪处理实施细则、监督执纪第一种形态实施细则、同级监督工作办法等（D），开展责任追究工作。				
	风险控制后评价	风险值：2（频率P×程度S=1×2）			风险等级：低风险	
流程控制	工作流程	申请车辆维修	审批车辆维修	维修办理	结算办理	监督检查
	工作标准	1. 熟知车辆维修管理制度及流程。（A.32） 2. 填写《车辆维修申请单》，据实填写故障情况、维修内容和估算金额。（A.29、30、31、33、34） 3. 提报审核《车辆维修申请单》。	1. 熟知车辆维修管理制度及流程。（A.32） 2. 根据了解的车况审核《车辆维修申请单》，对维修费估算在5000元以下的计划维修以及1000元以下的紧急维修，填写批准意见；对5000元以上的计划维修、大型维修和1000元以上的紧急维修，填写审核意见，提报车辆归口部门继续审核。（B）	1. 熟知车辆维修管理制度及流程。（A.32） 2. 核实车况后审核5000元以上的计划维修、大型维修和1000元以上紧急维修《车辆维修申请单》，填写审核意见，提报部门负责人和分管领导审批。（B）	1. 熟知车辆维修管理制度及流程。（A.32） 2. 根据审批准意见，赴定点维修单位开展车辆维修工作。 3. 维修结束后，根据车辆维修合同审核实际维修项目价格与合同约定价格是否一致，核实一致后在维修结算单上签字确认。（A.28）	1. 熟知车辆维修结算制度及流程。（A.32） 2. 复核维修项目及价格明细，办理维修结算。（A.26、27、28）	1. 熟知车辆维修管理制度及流程。（A.32） 2. 车辆使用部门监督管理维修。（A.8、30、C） 3. 设备管理中心对公车维修情况进行监督检查。（A.40、C）每季度至少开展1次。

续表

行权事项	公车维修管理					
	岗位名称	车辆使用部门车辆管理员	车辆使用部门负责人	设备管理中心车辆管理员	车辆使用部门车辆管理员	设备管理中心车辆管理员	各车辆管理员
责任控制	岗位责任	1.对未按工作标准履职行权负直接责任。2.视情节轻重,给予第一种形态处理或纪律处分。(D)	1.对未按工作标准履职行权负直接责任。2.视情节轻重,给予第一种形态处理。(D)	1.对未按工作标准履职行权负直接责任。+2.视情节轻重,给予第一种形态处理或纪律处分。(D)	1.对未按工作标准履职行权负直接责任。2.视情节轻重,给予第一种形态处理或纪律处分。(D)	1.对未按工作标准履职行权负直接责任。2.视情节轻重,给予第一种形态处理或纪律处分。(D)	1.对未按工作标准履职行权负直接责任。2.视情节轻重,给予第一种形态处理。(D)

★工程招标技术文件编制案例

（一）廉政风险

招标技术文件中设置不合理技术要求限制潜在投标人，为个人或他人谋取利益；招标技术文件编制考虑不周全，导致后期发生变更造成公司经济损失。

（二）责任人员履职要求

1.熟知《中华人民共和国招标投标法》、《国能黄骅港务公司采购管理办法》等法规制度，了解掌握招投标要求和规定。

2.熟悉现场情况及施工条件，具备工程建设相关专业技术能力，具备编制和审核招标技术文件的能力。

（三）防控措施及工作标准

防控措施一：采用集团下发委托人要求模板，确保技术文件包含内容全面、合规。

工作标准：

1.项目招标形式确定后，工程管理中心项目代表根据招标项目内容专业分类、工程性质在集团下发委托人要求模板中选择符合的模板，对于无把握的，应及时咨询采购与物资管理中心招标管理岗进行确认。

2.项目代表按照给定模板编制技术规格书，相关通用部分不得改变，专用部分严格按照给定框架和内容提示编制。通过采用规定模板，减少技术规格书内容缺漏和人为调整条款。

3.项目代表充分考虑工程实际规模、需要机具、技术难度等因素，确定招标技术条件。考虑工程施工实际困难、场地环境制约、安全风险和措施、工期及气候影响等因素明确招标技术说明，避免后期发生变更。

防控措施二：施行招标技术文件合规性审查。

工作标准：

1.技术文件编制完成后，项目代表按照规定程序通过 OA 系统线上提报审核审批，确保过程留痕可追溯。

2.工程管理中心经理、工程分管领导分别对招标技术文件进行审核。

3.采购与物资管理中心招标管理岗组织对招标技术文件进行审查，对文件中存疑技术条件进行沟通核对，确保相关技术要求依法合规、合理准确。

（四）责任追究

责任人员未按工作标准履职行权的，视情节轻重，给予第一种形态处理或纪律处分。

行权事项		工程招标技术文件编制			
预先控制	廉政风险	招标技术文件中设置不合理技术要求限制潜在投标人，为个人或他人谋取利益；招标技术文件编制考虑不周全，导致后期发生变更造成公司经济损失。			
	风险控制前评价	风险值：18（频率3×程度S=3×6）		风险等级：重大风险	
	风险控制措施	1. 制定《国能黄骅港务公司采购管理办法》（A），履行招标技术文件合规性审查流程（A.12），确保技术文件科学合理，依法合规。 2. 采用集团下发委托人要求模板编制招标技术文件。（A.12） 3. 按照工作流程进行审核审批，过程中保留审核审批材料，确保过程可追溯。（B） 4. 根据纪律处分条例、职工违规违纪处理实施细则、监督执纪第一种形态实施细则、同级监督工作办法等（C），开展责任追究工作。			
	风险控制后评价	风险值：2（频率2×程度S=2×1）		风险等级：低风险	
流程控制	工作流程	招标技术文件编制	招标技术文件审核	招标技术文件审批	招标技术文件审查
	工作标准	1. 参考审核确认的设计文件及项目决策要求确定项目招标形式（A.21、22、23、24、25），确保招标形式符合要求。 2. 根据项目性质及招标形式选择对应招标委托人要求模板（A.12），确保技术文件内容全面、合规。 3. 按照模板格式，根据设计文件和工程实际编制招标技术文件（A.12），确保技术文件内容全面、合规。 4. 充分考虑工程实际规模、需要机具、技术难度等因素，合理确定招标技术条件。 5. 充分考虑工程施工实际困难、场地环境制约、安全风险和措施、工期及气候影响等因素明确招标技术说明，避免后续变更。 6. 按照规定程序通过OA提报审核审批，确保工作留痕，过程可追溯。（B）	对招标技术文件进行审核，系统留痕，确保技术文件真实合理、依法合规。（A.12）	对招标技术文件进行审批，系统留痕，确保技术文件真实合理、依法合规。（A.12）	组织对招标技术文件进行审查，确保技术文件真实合理、依法合规，编制招标文件。（A.9）

行权事项	工程招标技术文件编制				
责任控制	岗位名称	工程管理中心项目代表	工程管理中心经理	工程分管领导	采购与物资管理中心招标管理岗
	岗位责任	1.对未按工作标准履职行权负直接责任。 2.视情节轻重,给予第一种形态处理或纪律处分。(C)	1.对未按工作标准履职行权负直接责任。 2.视情节轻重,给予第一种形态处理。(C)	1.对未按工作标准履职行权负直接责任。 2.视情节轻重,给予第一种形态处理。(C)	1.对未按工作标准履职行权负直接责任。 2.视情节轻重,给予第一种形态处理。(C)

★年度疏浚费用结算案例

（一）廉政风险

未按规定规则及程序进行年度疏浚费用结算，造成计量结算不准确，造成公司经济损失。

（二）责任人员履职要求

1.熟知《国能黄骅港务公司疏浚管理办法》等相关制度，熟知疏浚工程量计量规则、计量标准和工作流程。

2.了解掌握疏浚计量相关工具，能够对疏浚计量准确性进行复核。

3.熟悉疏浚施工设备及现场条件，了解掌握施工边界条件并能进行审核确认。

（三）防控措施及工作标准

防控措施一：月度疏浚工程量计量实施三方确认。

工作标准：

1.监理单位独立计算疏浚工程量，与施工单位计量工程量进行对比分析，对于存在显著差异处进行核实，按照规则进行差异处理，形成计量报告，提报工程管理中心项目代表。

2.工程管理中心项目代表对计量报告进行核查，采用自行计算对比抽查方法对计量方案、船报量及分布、计算量及分布、大风水深情况等进行核实。

3. 项目代表组织召开工程量计量专题会，对计量情况进行沟通，形成计量专题会纪要，明确最终计量工程量及分布，项目代表、监理单位总监、施工单位项目经理逐一签字三方确认。

4. 项目代表按照验工计量流程报工程管理中心经理、工程分管领导进行逐级审核，签字确认。

防控措施二：审核确定年度疏浚定额测算边界条件。

工作标准：

1. 年度疏浚结束后，项目代表督促施工单位提报年度疏浚施工定额边界条件，包括工况、疏浚土质、水位及维护水深、泥层厚度、工程量、疏浚工艺、运距、投入疏浚船舶、其他条件。编制完成后以联系单形式报监理审核。

2. 监理根据监理日报、监理日志、相关科研报告、天气记录、水深测图、联系单等对施工单位上报边界条件真实性、准确性进行审核。审核完成后报项目代表复核。

3. 项目代表根据监理日报、监理日志、相关科研报告、天气记录、水深测图、联系单等对监理审核的边界条件进行独立复核，认为不准确的要求予以修改。

4. 经工程管理中心负责人审核无问题，项目代表、工程管理中心负责人在联系单上签字最终确认边界条件。

防控措施三：委托第三方进行年度疏浚费用定额测算。

工作标准：

1. 项目代表将审核确认的边界条件通过部门联系单提交规划发展部，由规划发展部造价管理岗委托具备资质的第三方单位根据边界条件对年度疏浚费用采用定额测算。

2. 造价管理岗起草年度疏浚成本定额测算工程费报告，明确定额测算结果，按照流程报公司审批。定额测算结果作为年度疏浚结算费用上限值，为年度疏浚费用结算提供参考依据。

防控措施四：年度疏浚工程费用进行外部审计。

工作标准：

1. 工程管理中心项目代表通过审计提报流程报企业与法律事务部审计管理岗，由企业与法律事务部审计管理岗委托具备资质第三方单位对疏浚施工过程及结算相关资料进行审计。

2. 审计结果经施工单位、工程管理中心项目代表签字确认，确保审计公正、合理。

3. 企业与法律事务部审计管理岗按照规定将审计结果报公司审批。

4. 通过外部审计，对疏浚工程量计量、定额测算过程及结果真实性、准确性进行把关核实，避免弄虚作假或发生失误。

防控措施五：对年度疏浚成本进行财务审核。

工作标准：

1. 财务部主管会计通过现场检查、直接调取数据等方式，对年度疏浚成本情况进行核实，编制经营情况表。

2. 经营情况表确定的年度疏浚成本及税费作为年度疏浚结算费用下限值，为年度疏浚费用结算提供参考依据。

防控措施六：年度结算报告报公司总经理常务会审批。

工作标准：

1. 项目代表根据规划发展部、财务部提供定额测算成果和年度施工成本审核成果，编制年度结算报告，提出年度结算价建议，确保年度疏浚结算合理准确。按照"三重一大"议案审批流程报公司审批。

2. 工程管理中心经理、工程分管领导进行审核审批。

3. 公司党委会前置审议、总常会审批结算报告，确定最终结算费用。

（四）责任追究

责任人员未按工作标准履职行权的，视情节轻重，给予第一种形态处理或纪律处分。

行权事项	年度疏浚费用结算	
廉政风险	未按规定规则及程序进行年度疏浚费用结算，造成结算计量不准确，造成公司经济损失。	
风险控制前评价	风险值：24（频率P×程度S=4×6）	风险等级：重大风险
预先控制措施	风险控制措施	1. 制定《国能黄骅港务公司疏浚管理办法》（A），明确疏浚工程量计量规则、计量标准和工作流程、年度疏浚费用结算流程。 2. 通过合同约定疏浚工程量月结算要求。（B） 3. 实行疏浚工程计量机制，留存疏浚工程计量会议纪要。（C） 4. 根据公司内部授权管理办法，对月度疏浚工程计量进行逐级审批。（D） 5. 根据实际边界条件，疏浚实际成本，确定实际结算单价。（E） 6. 对年度疏浚费用结算进行审计。（F） 7. 制定《国能黄骅港务公司贯彻落实"三重一大"决策制度实施办法》（G），按照"三重一大"议案审批流程公司审批。 8. 根据《国能黄骅港务公司贯彻落实"三重一大"决策制度实施细则》，监督执纪处纪律处理第一种形态实施细则，同级监督工作办法等（H），开展职工违规违纪处分条例，职工违规违纪处分条例，根据纪律处分条例追究责任工作。
	风险控制后评价	风险值：2（频率P×程度S=1×2）　　风险等级：低风险

续表 1

行权事项		年度疏浚费用结算									
		审核月度疏浚工程量	审核年度疏浚定额测算边界条件	审批年度疏浚定额测算边界条件	年度疏浚费用定额测算	年度施工疏浚成本审核	年度疏浚工程审计	编制年度结算报告	审核年度结算报告	审议年度结算报告	年度疏浚费用年度结算
流程控制	工作流程										
	工作标准	1. 根据工程计量规则审核监理单位确认的施工单位的施工单位月度疏浚工程量。(A.35) 2. 召开疏浚工程量专题会签理单会，形成专题会签纪要、确保过程可追溯。(A.35) 3. 提报工程管理中心负责人及分管领导审核月度疏浚工程量、验工计价单。(D.59.2)	年度疏浚结束后，督促施工单位提报月度疏浚工程量测算边界条件真实准确。(A.36)	审批确认年度疏浚定额测算边界条件，确保边界条件真实准确。(A.36)	1. 根据工程管理中心确认的边界条件对年度疏浚费用采用定额测算。(A.36) 2. 起草年度成本定额疏浚测算费用报告，准确反映年度施工疏浚费用定额测算费用。(A.36)	1. 审核公司疏浚港疏浚项目年度施工成本。 2. 编制年度疏浚成本及结算管经验情况表。 3. 起草审计报告准确反映年度施工疏浚费用成本情况。(A.36)	1. 了解疏浚施工，熟悉定额，疏浚收集搜疏浚施工及结算相关资料。(F.5) 2. 审计核实疏浚施工过程及结算相关资料。(F.5) 3. 起草审计报告报OA线上审批流程，确保年度疏浚结算合规。	1. 根据规划发展部、财务部提供定额测算施工成本和年度审核成果、年度疏浚实际成果，编制年度结算报告，出年度结算建议。 2. 按照"三重一大"议案流程审批报公司审批。(G.附件)	根据测算成果、施工成本审核成果和年度审核成果、年度疏浚实际结果条件，审核结果提年度疏浚结算相关报告数据及结算建议。(G.11)	1. 主持召开前置会、党委会审议年度结算报告、客观公正发表意见。(G.6) 2. 主持召开总经理常务会年度结算报告审议结果客观公正表态保年度疏浚结算符合程序。(G.附件)	根据公司审议确认的最终结算计发费用表年度疏浚费用办理年度疏浚结算。

续表2

年度疏浚费用结算

行权事项		工程管理中心项目代表	工程管理中心代表	规划发展部造价管理岗	财务部主管会计	企管法务部审计管理岗	工程管理中心项目代表	工程管理中心经理及分管领导	党委书记、总经理	工程管理中心项目代表
岗位名称										
责任控制	岗位责任	1.对未按工作标准履职行权负直接责任。2.视情节轻重，给予第一种形态纪律或处分处理。(H)	1.对未按标准工作履职行权负直接责任。2.视情节轻重，给予第一种形态处理。(H)	1.对未按标准工作履职行权负直接责任。2.视情节轻重，给予第一种形态处理或纪律处分。(H)	1.对未按工作标准履职行权负直接责任。2.视情节轻重，给予第一种形态处理或纪律处分。(H)	1.对未按工作标准履职行权负直接责任。2.视情节轻重，给予第一种形态处理或纪律处分。(H)	1.对未按标准工作履职行权负直接责任。2.视情节轻重，给予第一种形态纪律处分。(H)	1.对未按工作标准履职行权负直接责任。2.视情节轻重，给予第一种形态处理。(H)	1.对未按工作标准履职行权负直接责任。2.视情节轻重，给予第一种形态处理。(H)	1.对未按标准履职行权负直接责任。2.视情节轻重，给予第一种形态处理。(H)

★ 监督监理履约案例

（一）廉政风险

对监理合规履约情况监督不到位，导致出现安全、质量等方面严重问题，造成公司经济损失和不良社会影响。

（二）责任人员履职要求

1. 熟知《水运工程施工监理规范》、《国能黄骅港务公司合同管理办理》、《国能黄骅港务公司工程施工监理管理办法》等制度规定，了解掌握合同约定、监理履职规范等。

2. 参加入场前监理规范等相关培训，了解掌握相关规范和考核标准。

（三）防控措施及工作标准

防控措施一：合同约定考核周期及考核标准，严格合同审查。

工作标准：

1. 监理合同负责人提报采购监理单位时，明确资质、监理人员配套标准及考核实施细则。将对监理单位进行考核的细则写入监理合同，明确考核周期及考核标准。

2. 合同审查阶段，按流程经财务部、企业管理与法律事务法部、规划发展部、采购与物资管理中心等部门负责人审核，确保合同条款合规。

防控措施二：组织对监理人员进行制度宣贯及考核。

工作标准：

1. 入场前监理合同负责人对监理人员进行制度宣贯，包含工程施工监理管理办法、监理规划及监理实施细则的审查要点、监理考核标准等，明确具体工作要求。

2. 监理合同负责人组织考核，考核合格后方可准许监理单位入场履行监理职责。

防控措施三：对监理单位履约情况进行监督考核，根据考核评价结果开展处置工作。

工作标准：

1. 各项目负责人根据监理合同约定的考核周期和考核标准，通过日常巡视，闭卷考试，现场抽查、提问，资料查阅等方式对监理单位人员履约情况进行检查，结合检查发现问题，提出考核评价意见。

2. 监理合同负责人汇总各项目负责人的履约考核意见，形成初步考核结果，报部门审批后确定最终考核评价结果。

3. 监理合同负责人按考核周期出具考核评价结果，履约考核评价分为合格和不合格。考核周期内评价不合格的，视为违约，依据违约程度采取延期支付监理费用、书面通报、扣除违约金、更换总监理工程师、终止合同等方式予以处置。

（四）责任追究

责任人员未按工作标准履职行权的，视情节轻重，给予第一种形态处理或纪律处分。

行权事项		监督监理履约	
预先控制	廉政风险	对监理合规履约情况监督不到位，导致出现安全、质量等方面严重问题，造成公司经济损失和不良社会影响。	
	风险控制前评价	风险值：12（频率P×程度S＝3×4）	风险等级：中等风险
	风险控制措施	1. 制定《国能黄骅港务公司合同管理办理》（A）、《国能黄骅港务公司工程施工监理管理办法》（B），规范对监理单位日常管理和定期考核评价。 2. 现场开展日常巡检、月度联查等，对监理工作进行检查或抽查，形成检查记录。（C） 3. 依据监理合同定期对监理单位的现场管理机构的日常表现定期考核，形成考核记录。（D） 4. 根据纪律处分条例、职工违规违纪处理实施细则、监督执纪第一种形态实施细则、同级监督工作办法等（E），开展责任追究工作。	
	风险控制后评价	风险值：2（频率P×程度S＝2×1）	风险等级：低风险

续表

行权事项		监督监理履约			
	工作流程	组织考核评价		监督考核评价	
流程控制	工作标准	1. 采购监理单位时，应明确资质、监理人员配套标准及考核实施细则。将对监理单位进行考核的细则写入监理合同，明确考核周期及标准。(A.16) 2. 入场前对监理人员进行制度宣贯，组织考核，考核合格后方可准许其进场。(A.53) 3. 依据合同约定的考核定期组织对监理单位考核评价。(B.26，C) 4. 汇总各项目负责人的考核意见，形成初步考核结果，报部门审核后形成最终考核结果。(D) 5. 出具监理单位考核评价结果，并依据合同约定进行处置。	1. 日常对监理人员进行制度宣贯、工作指导，明确具体工作要求。(A.16) 2. 对监理单位人员履约情况进行检查，记录检查发现的问题。(B.26，C) 3. 依据日常检查记录、公司安全巡检记录、部门巡查和月度联查记录等，根据合同约定的考核周期对监理单位进行考核评价。(D)	1. 审核合同签订时监理管理及考核细则条款是否合理。(A.16) 2. 对监理合同负责人及项目负责人是否按要求进行评价进行监督。(A.16、54) 3. 对考核评价结果的应用情况进行监督。(A.60)	1. 审核合同签订时监理管理及考核条款是否合理。(A.16) 2. 对所分管部门是否按要求执行合同约定进行监督。(A.60)
责任控制	岗位名称	监理合同负责人	工程项目负责人	工程管理中心经理	工程管理中心分管领导
	岗位责任	1. 对未按工作标准履职行权负直接责任。 2. 视情节轻重，给予第一种形态处理或纪律处分。(E)	1. 对未按工作标准履职行权负直接责任。 2. 视情节轻重，给予第一种形态处理或纪律处分。(E)	1. 对未按工作标准履职行权负直接责任。 2. 视情节轻重，给予第一种形态处理或纪律处分。(E)	1. 对未按工作标准履职行权负直接责任。 2. 视情节轻重，给予第一种形态处理。(E)

★农民工工资支付案例

（一）廉政风险

　　未对农民工工资支付进行督促，造成农民工工资支付不及时，发生农民工欠薪事件，造成不良社会影响。

（二）责任人员履职要求

1. 熟知《保障农民工工资支付条例》、《关于公路水运工程建设领域保障农民工工资支付的意见》等文件，了解掌握农民工工资支付要求。

2. 熟知《关于印发〈沧州市海洋和渔业局保障农民工工资支付工作管理制度〉〈沧州市海洋和渔业局农民工实名制管理制度〉的通知》等文件，了解掌握农民工工资支付监督管理的要求。

3. 参加农民工工资支付相关培训，具有较高的依法合规管理责任意识。

（三）防控措施及工作标准

防控措施一：工程项目采购时将农民工工资支付合理约定纳入招标文件并在合同中合理约定。

工作标准：

1. 安排一人担任合同管理员，联系企业管理与法律事务部，定期更新施工合同范本，对农民工工资支付合理约定。

2. 项目负责人提报采购资料时，将带有农民工工资支付约定的合同范本上传，形成招标文件要求。

3. 签订合同时项目负责人严格审查农民工工资支付合理约定。

防控措施二：项目实施阶段，督促施工单位建立保障机制，确保履行农民工工资合同要求。

工作标准：

1. 项目开工前项目负责人组织监理督促施工单位建立农民工管理机构指定劳资专员，配套建立相关管理制度。

2. 项目负责人组织监理督促施工单位开通农民工工资支付专用账号，与施工单位、银行及海洋与渔业局签订四方协议，明确支付具体流程。

3. 项目负责人审核监理单位实施细则中关于农民工工资支付相应的管理措施。

4.项目负责人督促监理单位对施工单位执行农民工工资支付相关管理制度情况进行定期检查和通报。

防控措施三：定期抽查检查农民工工资支付情况，对支付资料存档备案。

工作标准：

1.工程管理中心每月综合联查时抽查农民工工资支付情况，包括农民工合同签订、支付台账管理工作。

2.项目负责人组织监理督促施工单位统计汇总年、季、月农民工考勤和工资支付情况，将工资发放表存档，按要求报送外部备案。

3.项目负责人督促监理完成完整性备案资料的检查，并备案存档。

（四）责任追究

责任人员未按工作标准履职行权的，视情节轻重，给予第一种形态处理或纪律处分。

行权事项	农民工工资支付		
预先控制	廉政风险	未对农民工工资支付进行督促，造成农民工工资支付不及时，发生农民工欠薪事件，造成不良社会影响。	
	风险控制前评价	风险值： 9（频率 P×程度 S＝3×3）	风险等级：中等风险
	风险控制措施	1.依据《保障农民工工资支付条例》（A）、交通运输部《关于公路水运工程建设领域保障农民工工资支付的意见》（B）等规定，建立农民工管理机制。 2.依据《关于印发〈沧州市海洋和渔业局保障农民工工资支付工作管理制度〉〈沧州市海洋和渔业局农民工实名制管理制度〉的通知》（C）对监理单位、施工单位定专员、定制度进行检查，形成检查记录（D）。 3.现场检查公示情况（E），对支付台账进行检查或抽查。（F） 4.及时审批工程进度款及其中的人工费部分。（G） 5.留存每个项目的农民工工资支付清单。（H） 6.开展工程过程监督检查，形成监督报告。（D） 7.根据纪律处分条例、职工违规违纪处理实施细则、监督执纪第一种形态实施细则、同级监督工作办法等（I），开展责任追究工作。	
	风险控制后评价	风险值：2 （频率 P×程度 S＝1×2）	风险等级：低风险

续表

行权事项		农民工工资支付		
	工作流程	合同签订及施工过程监督检查	合同审核及监督协调	合同审核及监督协调
流程控制	工作标准	1.签订合同时依据相关要求对农民工工资支付进行合理约定。（A.24） 2.a.项目开工前督促施工单位设立农民工管理机构及管理制度、开通专用账号、指定劳资专员、设置公示牌。审核监理单位实施细则中农民工工资支付的管理措施（C.四、六、八，D，E）；b.督促监理单位对施工单位执行制度情况进行定期检查和通报〔B.二、（四），D〕。 3.a.定期抽查检查农民工工资支付情况、农民工合同签订、支付台账管理工作（C.4，F）；b.按要求及时审核、签批工程进度款及其中的人工费部分（A.29，G）；c.督促施工单位统计汇总年、季、月农民工考勤和工资支付情况。将工资发放表存档，按要求报送外部备案。督促监理完成检查备案资料的完整性，并备案存档（C.八.5，H）。	1.审核合同中农民工工资支付条款是否合理。（A.24） 2.a.检查项目负责人所负责项目的农民工工资支付情况，定期提醒督促落实（C.四、六、八）；b.及时审核、签批工程进度款及其中的人工费部分（A.29）；c.协调农民工工资支付过程中需要公司其他部门配合的相关事宜（C.四）。	1.审核合同中农民工工资支付条款是否合理。（A.24） 2.a.检查所分管部门项目农民工工资支付情况，定期提醒督促落实（C.四、六、八）；b.及时审核、签批工程进度款及其中的人工费部分（A.29）；c.协调农民工工资支付过程中需要公司配合的相关事宜（C.四）。
责任控制	岗位名称	工程管理中心项目负责人	工程管理中心经理	工程管理中心分管领导
	岗位责任	1.对未按工作标准履职行权负直接责任。 2.视情节轻重，给予第一种形态处理或纪律处分。（I）	1.对未按工作标准履职行权负直接责任。 2.视情节轻重，给予第一种形态处理。（I）	1.对未按工作标准履职行权负直接责任。 2.视情节轻重，给予第一种形态处理。（I）

★船舶加油管理案例

（一）廉政风险

在船舶加油中，不据实记录加油数量，为个人或他人谋取利益。

（二）责任人员履职要求

1.熟知《船务管理中心船舶加油管理细则》等相关制度，了解掌握船舶加油过程管控措施。

2.熟知船舶供油合同中关于"廉洁自律协议书"相关条款,具有较高的廉洁自律意识和监督管理意识。

（三）防控措施及工作标准

防控措施一：实行船舶加油管理专人负责,确保加油过程监管受控。实施多方联控机制,加油管理人员彼此之间进行制约与监督。

工作标准：

1.船机管理科机务主管负责船舶加油,对船舶加油申请、加油过程整体管控,每次船舶加油时,对加油程序全程监管,组织协调供受油双方,按照规定程序开展加油工作。

2.加油过程实施多方联控,船务管理中心机务主管、采购与物资管理中心采购员、物资公司采购员、供应商现场经理、供油船船长、拖轮轮机长,应参与船舶加油过程,依照各自职责,对船舶加油进行监督,确保加油过程合规。

防控措施二：实行船舶加油审批机制,确保加油申请符合船舶实际情况。

工作标准：

1.船舶加油开始前,船机管理科机务主管应提前5天组织各船舶上报用油计划,机务主管进行审核汇总后,明确各船加油数量、油品牌号、加油日期等,确保船舶加油情况符合实际需求。

2.采购与物资管理中心采购员在收到船务管理中心用油申请时,对加油需求进行核实,并协调物资公司通知供应商做好供油船供油准备。采购与物资管理中心采购员负责审核供油船该批次燃油牌号、燃油质量,应符合船务管理中心用油需求。

防控措施三：建立船舶加油台账,确保加油数据记录翔实准确。

工作标准：

1.船舶轮机长组织轮机员和机工做好加油管控。开始加油前及加油结束后，安排轮机员测量供受油船燃油舱油位，检查并记录供油船流量计读数。加油过程中安排机工随时测量受油船燃油舱油位增长情况，加到预警液位前提前通知供油船做好停油准备。加油过程中监督供油船做好燃油采样工作。

2.加油结束后，船机管理科机务主管组织供受油双方，认真核实加油数据，并共同签署拖轮加油确认单及船舶供油签收单。供油船应向受油船提供 2 瓶燃油油样，受油船妥善存放，留船保存 1 年。拖轮轮机长将加油信息按照填写规范，如实记录在《油类记录簿》，《油类记录簿》每本填写完后在船保存 3 年。

（四）责任追究

责任人员未按工作标准履职行权的，视情节轻重，给予第一种形态处理或纪律处分。

行权事项		船舶加油管理	
预先控制	廉政风险	在船舶加油中，不据实记录加油数量，为个人或他人谋取利益。	
	风险控制前评价	风险值： 24（频率 P×程度 S=4×6）	风险等级：重大风险
	风险控制措施	1.制定《船务管理中心船舶加油管理细则》（A），执行船舶加油数量控制措施。 2.安排专人负责船舶加油管理。（B） 3.实施多方联控机制，加油作业过程需船务管理中心、采购与物资管理部、物资公司、供应商、加油船代表联合管控。（C） 4.建立船舶加油台账，留存《油类记录簿》。（D） 5.根据纪律处分条例、职工违规违纪处理办法、监督执纪第一种形态实施细则等（E），开展责任追究工作。	
	风险控制后评价	风险值：2 （频率 P×程度 S=1×2）	风险等级：一般风险

行权事项		船舶加油管理			
流程控制	工作流程	审核供油资料	监督加油过程	检查加油数量	审批月度加油量
	工作标准	1. 熟知船舶加油管理规定。(A.2) 2. 审核供油船该批次燃油牌号、燃油质量，应符合需求。(A.5) 3. 审核计量设备校验报告。(A.5) 4. 组织各相关方参与加油现场管控。(C)	1. 熟知船舶加油管理规定。(A.2) 2. 审核供油船流量计定期检验报告，应在有效期内。(A.5) 3. 确认加油数量，加油单据签字确认。(A.6) 4. 组织船舶轮机员按法规要求填写《油类记录簿》(D)	1. 熟知船舶加油管理规定。(A.2) 2. 对加油作业过程进行监督。(A.5) 3. 对《油类记录簿》及加油单据进行检查。(A.6) 4. 对每月船舶加油数量统计表进行审核。(A.6)	1. 熟知船舶加油管理规定。(A.2) 2. 对每月船舶加油数量统计表进行审批。(A.6)
责任控制	岗位名称	采购与物资管理中心采购管理员	船务管理中心机务主管	船务管理中心船机管理科科长	船务管理中心经理
	岗位责任	1. 对未按工作标准履职行权负直接责任。 2. 视情节轻重，给予第一种形态处理或纪律处分。(E)	1. 对未按工作标准履职行权负直接责任。 2. 视情节轻重，给予第一种形态处理或纪律处分。(E)	1. 对未按工作标准履职行权负直接责任。 2. 视情节轻重，给予第一种形态处理或纪律处分。(E)	1. 对未按工作标准履职行权负直接责任。 2. 视情节轻重，给予第一种形态处理。(E)

★船舶厂修管理案例

(一)廉政风险

在船舶厂修时，擅自删减维修项目或验收把关不严，造成维修质量降低，产生设备安全隐患，为个人或他人谋取利益。

(二)责任人员履职要求

1. 熟知《国能黄骅港务公司船舶运行维护管理办法》等相关制度，了解掌握船舶厂修项目管理规定。

2. 熟知《船务管理中心船舶设备维护管理细则》等相关制度，了解掌握船舶厂修过程管控措施。

3. 熟知船舶厂修合同中关于"廉洁自律协议书"相关条款，具有较高的廉洁自律意识和监督管理意识。

（三）防控措施及工作标准

防控措施一：实行船舶厂修管理专人负责，确保厂修过程监管受控。

工作标准：

1. 船机管理科机务主管应驻厂监修，负责船舶厂修过程监督与管理工作。厂修期间，机务主管需在船，对关键设备维修过程进行检查，对厂修合同项目单执行情况进行验证，组织船员按照责任分工，履行好各自岗位职责，确保全部维修工作开展可控，全面抓好厂修期间安全、质量和廉洁工作。

2. 机务主管负责与承修方联络，协调厂修过程相关工作。如船员与承修方就厂修事宜进行协商，需经机务主管同意。

3. 船舶厂修工作开始后，机务主管应在第一时间组织承修方、修船厂、船员等相关人员，召开厂修工作会议，就厂修期间廉洁、安全、质量工作进行部署，提高项目参与人员廉洁风险认识。

防控措施二：实行船舶厂修项目单及备件审批机制，确保维修项目内容及备件申请符合船舶实际情况。

工作标准：

1. 船舶厂修开始前，机务主管应提前 6 个月，组织船员完成厂修项目单编制。厂修项目单内容编写，应符合修船规范要求，维修项目应详细注明拆检部位、所需备件、数量规格等内容，并应符合船舶实际需求。

2. 船机管理科科长应组织召开专题会议，对厂修项目单集中审核，逐条审查维修项目，对项目单内容的合理性、真实性，描述内容准确性、规范性检查，留存会议签到表。

3. 船舶厂修开始前，机务主管应至少提前 6 个月，组织船员完成厂修所需备件清单编制，其中进口关键备件应至少提前 12 个月。清单所列备件应与厂修项目单维修内容对应，确保备件需求情况属实。船机管理科科长组织对备件清单进行审核。

防控措施三：建立船舶厂修项目台账，确保厂修项目全过程记录翔实准确。

工作标准：

1.拖轮船长组织驾驶员、轮机长组织轮机员分别做好甲板部和轮机部厂修项目监管和记录工作，主要维修内容应按照海事要求，每日如实记录于航海日志和轮机日志。

2.机务主管应每日组织召开厂修工作会议，驾驶员、轮机员及承修方相关人员参加会议，会议对当日维修工作完成情况及次日维修计划进行讨论，留存会议记录。

防控措施四：船舶项目验收由业务主管部门组织，船务管理中心机务主管及拖轮船员共同参与，验收成员间相互制约与监督。

工作标准：

1.厂修过程中，机务主管应组织船员做好日常维修项目验收，确保所有维修项目一事一验，避免遗漏，关键部位、关键环节验收拍照留存。

2.厂修结束，返港试运行后，承修方应发起项目整体验收申请，设备管理中心项目管理员在收到验收申请后，应组织验收。验收过程需设备管理中心项目管理员、船务管理中心机务主管、拖轮船长、拖轮轮机长、承修方现场经理共同在场，对照项目合同等相关要求，对厂修项目完成情况进行验证，并签字留痕。

（四）责任追究

责任人员未按工作标准履职行权的，视情节轻重，给予第一种形态处理或纪律处分。

<table>
<tr><td>行权事项</td><td colspan="5">船舶厂修管理</td></tr>
<tr><td rowspan="4">预先控制</td><td>廉政风险</td><td colspan="4">在船舶厂修时，擅自删减维修项目或验收把关不严，造成维修质量降低，产生设备安全隐患，为个人或他人谋取利益。</td></tr>
<tr><td>风险控制前评价</td><td colspan="2">风险值：
16（频率P×程度S=4×4）</td><td colspan="2">风险等级：中等风险</td></tr>
<tr><td>风险控制措施</td><td colspan="4">1. 制定《国能黄骅港务公司船舶运行维护管理办法》(A)，执行船舶厂修项目验收控制措施。
2. 制定《船舶设备维护管理细则》(B)，执行船舶厂修过程管控措施。
3. 安排专人现场负责船舶厂修管理。(C)
4. 建立厂修项目完工报告台账（D），留存轮机日志、航海日志法定文件（E）。
5. 根据纪律处分条例、职工违规违纪处理办法、监督执纪第一种形态实施细则等（F），开展责任追究工作。</td></tr>
<tr><td>风险控制后评价</td><td colspan="2">风险值：2（频率P×程度S=1×2）</td><td colspan="2">风险等级：低风险</td></tr>
<tr><td rowspan="2">流程控制</td><td>工作流程</td><td>准备厂修工作</td><td>管控厂修过程</td><td>监督厂修过程</td><td>验收厂修项目</td></tr>
<tr><td>工作标准</td><td>1. 熟知船舶厂修相关规定。(B.7)
2. 组织做好船舶厂修项目单编制工作。(B.7)
3. 组织做好船舶厂修备件申请等准备工作。(B24)</td><td>1. 熟知船舶厂修相关规定。(B.7)
2. 维修测量数据做好记录，按规范要求出具检验报告。(B.12)
3. 每日维修工作按要求记录于航海日志和轮机日志法定文件。(E)
4. 现场维修一事一验，避免遗漏，关键部位、关键环节验收拍照留存。(B.12)
5. 按照技术规格书要求，对维修质量进行管控。(B.12)
6. 监督厂修备件使用情况。(B.12)
7. 监督厂修项目执行情况。(B.12)</td><td>对整个厂修项目执行情况进行监督。(B.6)</td><td>1. 熟知船舶厂修相关规定。(A.5)
2. 视情到船厂对厂修过程进行抽查与监督。(A.5)
3. 厂修结束后，组织做好船舶试航、设备试车运行记录。(A.5)
4. 组织对船舶厂修项目进行验收。(A.5)
5. 依据厂修项目技术规格书对维修项目完成情况进行抽检核验。(A.5)
6. 审查厂修项目完工报告，并留存备案。(D)</td></tr>
</table>

行权事项	船舶厂修管理				
	岗位名称	船务管理中心机务主管	船务管理中心机务主管	船机管理科科长	设备管理中心项目管理员
责任控制	岗位责任	1.对未按工作标准履职行权负直接责任。2.视情节轻重,给予第一种形态处理或纪律处分。(F)	1.对未按工作标准履职行权负直接责任。2.视情节轻重,给予第一种形态处理或纪律处分。(F)	1.对未按工作标准履职行权负直接责任。2.视情节轻重,给予第一种形态处理或纪律处分。(F)	1.对未按工作标准履职行权负直接责任。2.视情节轻重,给予第一种形态处理或纪律处分。(F)

★船舶污油水回收案例

(一)廉政风险

在船舶污油水回收过程中,不据实记录回收数量,为个人或他人谋取利益。

(二)责任人员履职要求

1.熟知《国能黄骅港务公司危险废物管理办法》等相关制度,了解掌握船舶污油水回收过程管控措施。

2.熟知《船务管理中心环境保护管理细则》等相关制度,了解掌握船舶污油水回收过程管控措施。

3.熟知船舶污染物接受合同中关于"廉洁自律协议书"相关条款,具有较高的廉洁自律意识和监督管理意识。

(三)防控措施及工作标准

防控措施一:实行船舶污油水回收管理专人负责,确保污油水回收过程监管受控。实施多方联控机制,污油水回收管理人员彼此之间进行制约与监督。

工作标准：

1. 海务管理科安全员负责船舶污油水回收，对船舶污油水回收申请、回收过程整体负责，每次船舶回收污油水时，对回收程序全程监管，组织协调拖轮及收油单位双方，按照规定程序开展回收工作。

2. 污油水回收过程实施多方联控，船务管理中心安全员、生产保障中心环卫管理员、回收单位现场经理、拖轮轮机长应参与船舶污油水回收过程，依照各自职责，对船舶污油水回收进行监督，确保回收过程合规。

防控措施二：建立船舶污油水回收台账，确保相关数据记录翔实准确。

工作标准：

1. 船舶轮机长组织轮机员和机工做好污油水回收管控。开始回收前及回收结束后，安排机工检查测量拖轮污油舱及污水井的液位，做好记录。

2. 回收结束后，海务管理科安全员对回收车过磅称重过程进行检查，认真核验过磅单信息，组织双方共同签署污油水回收单据。拖轮轮机长将污油水回收信息按照填写规范，如实记录在《油类记录簿》，《油类记录簿》每本填写完后在船保存 3 年。

（四）责任追究

责任人员未按工作标准履职行权的，视情节轻重，给予第一种形态处理或纪律处分。

行权事项	船舶污油水回收						
预先控制	廉政风险	在船舶污油水回收过程中，不据实记录回收数量，为个人或他人谋取利益。					
	风险控制前评价	风险值：16（频率P×程度S=4×4）			风险等级：中等风险		
	风险控制措施	1. 制定《国能黄骅港务公司危险废物管理办法》(A)，执行污油水回收监管措施。 2. 制定《环境保护管理细则》(B)，执行污油水回收数量管控措施。 3. 安排专人负责污油水回收管理。(C) 4. 实施四方联控机制，作业过程需船务管理中心、生产保障中心、收油公司、拖轮代表共同管控。(D) 5. 建立船舶污油水回收台账，留存《油类记录簿》。(E) 6. 根据纪律处分条例、职工违规违纪处理办法、监督执纪第一种形态实施细则等(F)，开展责任追究工作。					
	风险控制后评价	风险值：2 （频率P×程度S=1×2）			风险等级：一般风险		
流程控制	工作流程	提报回收需求	确认回收数量	检查回收作业	监督污油水回收	监督污油水处理	审核污油水结算单	审批污油水结算单
	工作标准	1.熟知船舶污油水回收管理规定。(B.7) 2.据实提报污油水回收申请。(B.17) 3.协助回收单位，做好污油水回收工作。(B.7)	1.熟知船舶污油水回收管理规定。(B.4) 2.回收结束后，协助业务主管部门对回收车过磅过程检查，核验过磅单。(B.17) 3.组织双方据实填写回收单据，并签字盖章。(B.15) 4.组织船舶轮机员按法规要求填写《油类记录簿》。(E)	1.熟知船舶污油水回收管理规定。(B.4) 2.对污油水回收作业进行监督。(B.17) 3.对《油类记录簿》及回收单据进行检查。(B.17)	1.根据污油水回收申请，对污油水接收的数量进行现场审核确认、签署作业单证。(A.8)	1.监督乙方按照法律法规对污油水进行无害化处理，对《污油水接收单》等各类单证的内容及真实性进行复核。(A.28) 2.存档必需的作业资料和文件，包括《经营许可证》、《船舶污染物接收单证》、《危废委托处置协议》、《污油水接收单》等。(A.19)	1.审核污油水接收合同结算单是否一致，并提交生产保障中心经理常务会审批。(A.13)	1.根据污油水处理合同结算内容，审批《污油水工程结算单》。(A.13)

续表

行权事项	船舶污油水回收							
	岗位名称	船务轮机长	船务海务安全员	海务管理科科长	环卫管理岗	环卫管理岗	物业管理科科长	生产障中心经理
责任控制	岗位责任	1.对未按工作标准履职行权负直接责任。 2.视情节轻重，给予第一种形态处理或纪律处分(F)	1.对未按工作标准履职行权负直接责任。 2.视情节轻重，给予第一种形态处理或纪律处分。(F)	1.对未按工作标准履职行权负直接责任。 2.视情节轻重，给予第一种形态处理或纪律处分。(F)	1.对未按工作标准履职行权负直接责任。 2.视情节轻重，给予第一种形态处理或纪律处分(F)	1.对未按工作标准履职行权负直接责任。 2.视情节轻重，给予第一种形态处理或纪律处分。(F)	1.对未按工作标准履职行权负直接责任。 2.视情节轻重，给予第一种形态处理。(F)	1.对未按工作标准履职行权负直接责任。 2.视情节轻重，给予第一种形态处理。(F)

★生产计划编制及变更案例

（一）廉政风险

私自编制、变更生产计划，为个人或他人谋取利益，造成公司经济损失和不良影响。

（二）责任人员履职要求

1.熟知《国能黄骅港务公司生产调度规程》等相关制度，了解掌握生产计划编制、变更基本流程和方法。

2.熟知公司生产设备分布、流程设置、作业能力和通航规则。

（三）防控措施及工作标准

防控措施一：依据时间规则确定每日船舶排序，协同制订船舶进出港计划，共同确认生产作业计划。

工作标准：

1.生产指挥中心生产调度岗接收船方抵锚报告后，在生产管控系统录入船舶抵锚时间，管控系统自动记录登录账户信息。

2. 煤炭经营分公司黄骅办事处掌握船舶销售确认时间、货款确认时间、船舶抵锚时间后，依据时间规则确定每日船舶排序。生产计划岗协同煤炭经营分公司黄骅办事处根据每日船舶排序结合当日货源、天气、设备、流程和泊位能力等因素协同制订船舶进出港计划，提报煤炭经营分公司审批。

3. 生产计划岗通过生产管控系统录入下达船舶进出港计划，管控系统自动记录登录账户信息。

4. 生产计划岗审核煤炭经营分公司黄骅办事处发送的单船作业方案，打印纸质版与煤炭经营分公司黄骅办事处共同签字确认。

5. 生产计划岗通过管控系统录入下达生产作业计划，管控系统自动记录登录账户信息和生产作业数据。

防控措施二：建立生产作业计划变更反馈机制，生产管控系统自动记录有关信息数据。

工作标准：

1. 生产运行过程中出现缺货、等流程、设备故障、天气影响等影响生产作业计划的情况，生产计划岗或生产调度岗向煤炭经营分公司黄骅办事处反馈。

2. 煤炭经营分公司黄骅办事处变更生产作业计划，生产计划岗或生产调度岗通过生产管控系统录入下达变更后的生产作业计划，管控系统自动记录登录账户信息和生产作业数据。

（四）责任追究

责任人员未按工作标准履职行权的，视情节轻重，给予第一种形态处理或纪律处分。

行权事项		生产计划编制及变更		
预先控制	廉政风险	私自编制、变更生产计划，为个人或他人谋取利益，造成公司经济损失和不良影响。		
	风险控制前评价	风险值：24（频率 P×程度 S=4×6）		风险等级：重大风险
	风险控制措施	1.制定《国能黄骅港务公司生产调度规程》（A），规范工作程序和管理职责，协同煤炭经营分公司黄骅港办事处编制、变更生产计划。 2.编制生产作业计划后留存纸质文件。（B） 3.通过生产管控系统录入、变更生产计划，系统自动记录登录账号信息和生产作业数据。（C） 4.根据纪律处分条例、职工违规违纪处理实施细则、监督执纪第一种形态实施细则（D），开展责任追究工作。		
	风险控制后评价	风险值：2（频率 P×程度 S=2×1）		风险等级：低风险
流程控制	工作流程	制订船舶进出港计划、单船作业方案	生产作业计划确认、下达	生产作业计划变更
	工作标准	1.生产调度岗接收船方抵锚报告后，在生产管控系统录入船舶抵锚时间。 2.生产计划岗协同煤炭经营分公司黄骅办事处根据每日船舶排序，结合货源、天气、设备、流程和泊位能力等情况共同制订船舶进出港计划，提报煤炭经营分公司调运协调部和销售一部审批。（A.15） 3.生产计划岗审核煤炭经营分公司黄骅办事处提报的单船作业方案。（A.15）	1.打印纸质版生产作业计划，与煤炭经营分公司黄骅办事处共同签字确认。（B） 2.通过管控系统录入下达生产作业计划，管控系统自动记录登录账户信息。（C）	1.生产运行过程中出现缺货、等流程、设备故障、天气影响等影响生产作业计划的情况，向煤炭经营分公司黄骅办事处反馈。（A.16） 2.煤炭经营分公司黄骅办事处变更生产作业计划，生产计划岗或生产调度岗通过生产管控系统录入下达变更后的生产作业计划，管控系统自动记录登录账户信息。（C）
责任控制	岗位名称	生产调度岗、生产计划岗	生产计划岗	生产调度岗、生产计划岗
	岗位责任	1.对未按工作标准履职行权负直接责任。 2.视情节轻重，给予第一种形态处理或纪律处分。（D）	1.对未按工作标准履职行权负直接责任。 2.视情节轻重，给予第一种形态处理或纪律处分。（D）	1.对未按工作标准履职行权负直接责任。 2.视情节轻重，给予第一种形态处理或纪律处分。（D）

★商务稽核案例

（一）廉政风险

在费收稽核过程中，未按照相关定价标准执行，导致错收、漏收，造成公司经济损失。

（二）责任人员履职要求

1. 熟知《港口收费计费办法》、《国能黄骅港务公司主营业务收费管理办法》等法规制度，了解掌握相关规定。

2. 参加港口收费计费业务专题培训，了解掌握港口主营业务收费程序及相关规定，具有较高的商务稽核业务水平和合规办理责任意识。

（三）防控措施及工作标准

防控措施一：按计费项目分类计费，采取计费、稽核双岗审核机制，彼此之间进行制约与监督。

工作标准：

1. 商务管理岗（计费）负责接收、整理各项单证，逐条与生产管控系统计费模块数据进行核对，核对一致方可计费。接收单证时当面做好交接，确保单证不丢失、涂抹，字迹清晰；整理单证时，按顺序确保单证与系统记录相一致。

2. 按计费项目的规定费率开展计费工作，并形成相应计费明细。

3. 商务管理岗（稽核）负责逐条核对计费明细与原始单证，核对一致后并在计费明细表"稽核人"处签字确认。

4. 商务管理岗（稽核）负责保管计费相关原始单证，并将其存入专用资料室。

5. 计费并稽核完毕后，商务管理岗（稽核）将计费明细和相应单证及时移交财务部。

防控措施二：留存《拖轮签证单》、《货物交接清单》、《船舶污染应急值守签证单》、《船舶系统在泊停时记录单》等相关单据，以备接受检查。

工作标准：

1. 按计费费目将各种原始单据进行分类，并依时间先后顺序装订、存入专用资料室。

2. 有需要查验计费信息和记录的，经商务管理科科长同意后，由商务管理岗（稽核）调取相应记录，并在查验后及时归档。

（四）责任追究

责任人员未按工作标准履职行权的，视情节轻重，给予第一种形态处理或纪律处分。

行权事项		商务稽核	
预先控制	廉政风险	在费收稽核过程中，未按照相关定价标准执行，导致错收、漏收，造成公司经济损失。	
	风险控制前评价	风险值：16（频率 P×程度 S=4×4）	风险等级：中等风险
	风险控制措施	1. 制定《国能黄骅港务公司主营业务收费管理办法》（A），按费目名称分类，做好商务稽核工作。 2. 严格执行计费、稽核双岗审核机制。（B） 3. 留存《拖轮签证单》、《货物交接清单》、《船舶污染应急值守签证单》、《船舶系统在泊停时记录单》等相关单据，随时接受检查。（C） 4. 根据纪律处分条例、职工违规违纪处理实施细则、监督执纪第一种形态实施细则、同级监督工作办法等（D），开展责任追究工作。	
	风险控制后评价	风险值：2（频率 P×程度 S=2×1）	风险等级：低风险

行权事项	商务稽核				
	工作流程	接收单证	计费	稽核	单据流转及保管
流程控制	工作标准	1.熟知港口计费办法和公司主营业务收费管理规定。 2.接收货方计费单证,做好整理、登记,并与交接方确认无误。(A.12) 3.接收船方计费单证,做好整理、登记,并与交接方确认无误。(A.11)	1.熟知港口计费办法和公司主营业务收费管理规定。 2.根据货方单证数据对管控系统数据进行复核,复核无误后按规定费率进行计费工作。(A.12) 3.根据船方单证数据对管控系统数据进行复核,复核无误后按规定费率进行计费工作。(A.11)	1.熟知港口计费办法和公司主营业务收费管理规定。 2.逐条核对计费明细与原始单证,核对一致后并在计费明细表"稽核人"处签字确认,提报财务系统履行开票流程。(B)	1.熟知港口计费办法和公司主营业务收费管理规定。 2.将收费相关单证移交财务部。(A.11) 3.其他相关单据归档备查。(C)
责任控制	岗位名称	商务管理岗(计费)	商务管理岗(计费)	商务管理岗(稽核)	商务管理岗(稽核)
	岗位责任	1.对未按工作标准履职行权负直接责任。 2.视情节轻重,给予第一种形态处理或纪律处分。(D)	1.对未按工作标准履职行权负直接责任。 2.视情节轻重,给予第一种形态处理或纪律处分。(D)	1.对未按工作标准履职行权负直接责任。 2.视情节轻重,给予第一种形态处理或纪律处分。(D)	1.对未按工作标准履职行权负直接责任。 2.视情节轻重,给予第一种形态处理或纪律处分。(D)

★客户投诉管理案例

(一)廉政风险

私自留存、隐匿、拖延处理客户投诉,处理客户投诉不合理,造成客户投诉问题处理不公正、不及时,造成不良影响。

(二)责任人员履职要求

1.熟知《国能黄骅港务公司客户服务管理办法》等相关制度,熟知客户投诉管理规定,了解掌握客户投诉处置程序。

2.参加客户服务管理专题培训,具有较高的客户服务责任意识。

（三）防控措施及工作标准

防控措施一：实施客户投诉信息化管理。实行专责接收处置客户投诉信息。

工作标准：

1. 商务管理岗每日上午、下午登录平台查阅调查问卷，如果接到投诉及时登记《客户意见反馈单》，并留存调查问卷。

2. 商务管理岗接到投诉后立即将调查问卷及《客户意见反馈单》上报科室负责人。

防控措施二：开展调查核实，公平、公正地提出处理意见并留存相关资料，以备跟踪检查。

工作标准：

1. 商务管理科组织成立调查组。调查组通过走访客户、询问被投诉人进行情况核实，并形成调查报告，提出处理意见。

2. 生产指挥中心经理组织召开经理办公会，经理办公会成员客观公正地发表意见，集体审议研究调查处理报告。

3. 商务管理岗将处理结果通过电话反馈给投诉客户。

4. 坚持"一事一档"，保存会议纪要、调查问卷、《客户意见反馈单》。

（四）责任追究

责任人员未按工作标准履职行权的，视情节轻重，给予第一种形态处理或纪律处分。

行权事项		客户投诉管理			
预先控制	廉政风险	私自留存、隐匿、拖延处理客户投诉,处置客户投诉不合理,导致客户投诉问题处理不公正、不及时,造成不良影响。			
	风险控制前评价	风险值:16 (频率P×程度S=4×4)		风险等级:中等风险	
	风险控制措施	1.制定《国能黄骅港务公司客户服务管理办法》(A),执行投诉处理流程(A.15),定期查看数字服务平台上的调查问卷(A.12)。 2.实施客户投诉信息化管理。(B) 3.实行专人接收处置客户投诉信息。(C) 4.实行"一事一档",留存处理意见反馈资料。(D) 5.根据纪律处分条例、职工违规违纪处理实施细则、监督执纪第一种形态实施细则等(E),开展责任追究工作。			
	风险控制后评价	风险值:2(频率P×程度S=1×2)		风险等级:低风险	
流程控制	工作流程	接收客户投诉	审核客户投诉记录	核实调查	审议调查报告、反馈归档
	工作标准	1.熟知客户投诉管理规定和保密规定。 2.每日上午、下午分别登录平台查阅调查问卷,如果发现有投诉信息,登记《客户意见反馈单》,并留存调查问卷。(B,C) 3.接到投诉后立即将调查问卷及《客户意见反馈单》上报科室负责人。	1.熟知客户投诉管理规定和保密规定。 2.组织启动处理调查工作,成立投诉调查小组,执行回避规定。	1.走访客户。 2.询问被投诉人。 3.留存相关证据。 4.形成调查处理报告,提出处理意见。	1.主持召开经理办公会,客观公正地发表意见,集体审议研究处理调查报告。 2.将处理结果电话反馈给投诉客户。 3."一事一档",保存会议纪要、调查问卷、《客户意见反馈单》。(D)
责任控制	岗位名称	商务管理岗	商务管理科科长	调查组组长	生产指挥中心经理、商务管理岗
	岗位责任	1.对未按工作标准履职行权负直接责任。 2.视情节轻重,给予第一种形态处理或纪律处分。(E)	1.对未按工作标准履职行权负直接责任。 2.视情节轻重,给予第一种形态处理或纪律处分。(E)	1.对未按工作标准履职行权负直接责任。 2.视情节轻重,给予第一种形态处理或纪律处分。(E)	1.对未按工作标准履职行权负直接责任。 2.视情节轻重,给予第一种形态处理。(E)

★货运质量管理案例

（一）廉政风险

货物杂物信息或货运事故事件上报处理不及时，事故事件调查不清，为个人或他人谋取利益，造成公司经济损失和不良影响。

（二）责任人员履职要求

1. 熟知《国能黄骅港务公司货运质量管理办法》等相关制度，了解掌握货运杂物捡出、统计、分析、上报流程。

2. 熟知《国能黄骅港务公司生产安全、环保事故报告和调查处理办法》等相关制度，了解掌握货运质量事故事件调查处理工作规定。

3. 参加公司合规管理有关培训，具有较高的风险意识和合规意识。

（三）防控措施及工作标准

防控措施一：严格执行货运杂物统计信息上报流程，杜绝迟报、漏报、谎报、瞒报的违规行为。

工作标准：

1. 生产部门货运管理员在作业现场发现货运杂物后及时上报当班值班经理，值班经理负责组织捡出杂物。

2. 生产部门安全员妥善保管杂物并填写《黄骅港杂物信息月度统计分析表》，每月5日前上报生产指挥中心。

3. 生产指挥中心生产业务管理岗（安全员）每月对生产部门上报的货运杂物统计分析表进行汇总分析后，每月25日前将汇总分析报表上报集团公司主管部门并存档，集团公司主管部门负责通知上游生产单位组织整改。

防控措施二：严格执行货运质量事故事件调查处理工作程序，根据事故调查原因分析及责任认定开展处理工作。

工作标准：

1.作业过程中发生货运质量事故事件，生产部门当班值班经理应在发现后一小时内通报生产指挥中心当班值班主任并上报《黄骅港货运质量事故事件快报》。

2.C、D类货运质量事故由生产指挥中心组织调查处理，成立至少4人的调查组；A、B类及以上货运质量事故由安全监察部安全主管组织调查处理，成立至少4人的调查组。

3.调查组开展现场核实，收集相关证据资料，分析事故事件原因，认定实际损失情况，起草事故事件调查分析报告，提出处理建议。

（四）责任追究

责任人员未按工作标准履职行权的，视情节轻重，给予第一种形态处理或纪律处分。

行权事项	货运质量管理	
	廉政风险	货物杂物信息或货运事故事件上报处理不及时，事故事件调查不清，为个人或他人谋取利益，造成公司经济损失和不良影响。
预先控制	风险控制前评价	风险值：24 （频率P×程度S=4×6） 风险等级：重大风险
	风险控制措施	1.制定《国能黄骅港务公司货运质量管理办法》（A），对货运杂物执行捡出、分析、分级上报机制。 2.对作业过程中发生的货运质量事故事件，执行快报机制。 3.制定《国能黄骅港务公司生产安全、环保事故报告和调查处理办法》（B），对出现的货运质量事故事件进行调查和处理。 4.根据纪律处分条例、职工违规违纪处理实施细则、监督执纪第一种形态实施细则（C），开展责任追究工作。
	风险控制后评价	风险值：2 （频率P×程度S=1×2） 风险等级：低风险

续表

行权事项	货运质量管理				
	工作流程	货运杂物和事故事件信息上报	货运质量汇总和报告	货运质量检查与考核	货运质量事故事件调查	监督检查
流程控制	工作标准	1.熟知公司货运质量管理有关要求。（A）2.发现货运杂物后，生产部门及时捡出、妥善保管并填写《黄骅港杂物信息月度统计分析表》，每月5日前上报生产指挥中心。（A.17）3.作业过程中发生货运质量事故事件，生产部门当班值班经理应在发现后一小时内通报生产指挥中心当班值班主任并上报《黄骅港货运质量事故事件快报》。（A.20）	1.每月对生产部门上报的货运杂物信息进行统计、汇总分析后，上报集团主管部门。（A.23）2.对《黄骅港货运质量事故事件快报》进行复核后上报并存档。（A.22）	1.组织生产单位及设备管理中心做好集团及公司货运质量检查工作。（A.25）2.对货运质量管理过程中存在的问题，依据标准进行评价、汇总。（A.27）	1.熟知公司事故调查管理规定和要求。（B）2.发生货运质量事件后，按照分工，及时开展事故调查（B32）3.组织起草事故调查报告，按照事故等级和责任认定，提出处理建议。（B.44）	对各部门货运质量管理情况进行监督检查。（A.25）
责任控制	岗位名称	货运管理员、安全员、值班经理	生产业务管理（安全员）	生产业务管理（安全员）	事故调查组长	生产业务管理（安全员）
	岗位责任	1.对未按工作标准履职行权负直接责任。2.视情节轻重，给予第一种形态处理或纪律处分。（C）	1.对未按工作标准履职行权负直接责任。2.视情节轻重，给予第一种形态处理。（C）	1.对未按工作标准履职行权负直接责任。2.视情节轻重，给予第一种形态处理。（C）	1.对未按工作标准履职行权负直接责任。2.视情节轻重，给予第一种形态处理或纪律处分。（C）	1.对未按工作标准履职行权负直接责任。2.视情节轻重，给予第一种形态处理。（C）

★公开招标方案编制案例

（一）廉政风险

人为设定倾向性资格条件，限制和排斥潜在供应商。随意更改评标办法，为潜在供应商量身定制评分规则，为个人或他人谋取利益。

（二）责任人员履职要求

1. 熟知《中华人民共和国招标投标法》等法律法规，了解掌握公开招标制度和管理流程，秉公制定公开招标资格条件。

2. 熟知《国能黄骅港务公司采购管理办法》等相关制度，掌握公开招标项目方案编制及范本使用规则。

（三）防控措施及工作标准

防控措施一：依据国家标准或行业规范严格依法合规合理设置资格条件，组织进行资格条件联合会审。

工作标准：

1. 采购执行岗根据采购项目标的物类别，参照国家标准或行业规范，在招标文件范本的基础上编制符合该采购项目的资格条件。

2. 采购执行岗将资格条件会审内容提交至 OA 线上审批系统，由采购项目主管部门、企业管理与法律事务部、财务部、采购与物资管理中心进行联合会审，提出审核意见。

3. 采购执行岗将联合会审通过后的资格条件提交至采购项目主管部门分管领导、采购与物资管理中心分管领导进行 OA 线上审批。

防控措施二：严格依照资格条件会审结果，选取招标文件范本，编制公开招标方案。

工作标准：

1. 采购执行岗根据资格会审结果，结合标的物类别，在集团公司下发的招标文件范本清单中选择同类别的招标文件范本编制公开招标方案，包括采购范围、资质条件、合同类型、评标办法等，并将资格会审结果作为公开招标方案的附件。

2. 采购执行岗将编制完成的公开招标方案以议案形式上报公司采购与招标领导小组集体审议，形成会议纪要。

防控措施三：根据公司采购与招标领导小组审议通过的公开招标方案，创建采购计划，并将采购计划通过采购监管系统（SRM）提交至集团指定的招标代理机构编制招标文件。

工作标准：

1. 采购执行岗根据审议通过的公开招标方案，创建采购计划，并将采购计划通过采购监管系统提交至集团指定的招标代理机构。

2. 由招标代理机构根据接收到的采购计划，审核评标办法是否有随意修改。如未修改，则参照集团公司招标文件范本编制招标文件；如进行修改，则需上报集团公司进行备案。

（四）责任追究

责任人员未按工作标准履职行权的，视情节轻重，给予第一种形态处理或纪律处分。

行权事项	公开招标方案编制		
	廉政风险	人为设定倾向性资格条件，限制、排斥潜在供应商。随意更改评标办法，为潜在供应商量身定制评分规则，为个人或他人谋取利益。	
预先控制	风险控制前评价	风险值：24（频率 P×程度 S=4×6）	风险等级：重大风险
	风险控制措施	1. 制定《国能黄骅港务公司采购管理办法》（A），严格依法合规合理设置资格条件、选择评分办法或合理调整评分办法。（A.36） 2. 实行资格条件会审，形成会审意见清单。（B） 3. 在集团公司下发的招标文件范本清单中选择同类别的招标文件范本编制公开招标方案。（C） 4. 招标方案提交至采购与招标领导小组集体审议，形成会议纪要。（D） 5. 根据纪律处分条例、职工违规违纪处理实施细则、监督执纪第一种形态实施细则、同级监督工作办法等（E），开展责任追究工作。	
	风险控制后评价	风险值：2（频率 P×程度 S=1×2）	风险等级：低风险

行权事项	公开招标方案编制				
	工作流程	资格条件会审	编制招标方案	审批招标方案	招标委托
流程控制	工作标准	1. 熟知资格条件设定规范及要求。（A.36） 2. 采购项目主管部门、企业管理与法律事务部、财务部、采购与物资管理中心进行联合会审，形成会审意见清单。（B） 3. 将联合会审通过后的资格条件提交至采购项目主管部门分管领导、采购与物资管理中心分管领导进行 OA 线上审批，提出审批意见。（B）	1. 熟知评分办法选择规范及要求。（A.36） 2. 根据标的物类别，在集团公司下发的招标文件范本清单中选择同类别的招标文件范本。（C） 3. 根据资格会审结果和选定的招标文件范本，编制招标方案。	根据资格条件设定和评标办法规范，审核招标方案。（A.36,D）	主持召开采购与招标领导小组会议，集体审议招标方案，形成会议纪要。（A.36,D）	采购执行岗根据审核通过的公开招标方案，创建采购计划，并将采购计划通过采购监管系统（SRM）提交至集团指定的招标代理机构编制招标文件。
责任控制	岗位名称	联合会审员、采购执行岗	采购执行岗	采购与物资管理中心经理	采购与招标领导小组组长	采购执行岗
	岗位责任	1. 对未按工作标准履职行权负直接责任。 2. 视情节轻重，给予第一种形态处理或纪律处分。（E）	1. 对未按工作标准履职行权负直接责任。 2. 视情节轻重，给予第一种形态处理或纪律处分。（E）	1. 对未按工作标准履职行权负直接责任。 2. 视情节轻重，给予第一种形态处理或纪律处分。（E）	1. 对未按工作标准履职行权负直接责任。 2. 视情节轻重，给予第一种形态处理或报上级给予纪律处分。（E）	1. 对未按工作标准履职行权负直接责任。 2. 视情节轻重，给予第一种形态处理。（E）

★非招标（工程、服务）采购计划编制案例

（一）廉政风险

人为设定倾向性商务条款，限制、排斥潜在供应商，为个人或他人谋取利益。

（二）责任人员履职要求

1. 熟知《中华人民共和国招标投标法》等相关法律法规，了解掌握非招标制度和管理流程。

2. 熟知《国能黄骅港务公司采购管理办法》等相关制度，了解掌握非招标项目采购方案编制及范本使用规则。

（三）防控措施及工作标准

防控措施一：依据国家标准或行业规范编制资格条件，组织进行资格条件联合会审。

工作标准：

1. 采购执行岗根据采购项目标的物类别，参照国家标准或行业规范，在采购文件范本的基础上编制符合该采购项目的资格条件。

2. 采购执行岗将资格条件会审内容提交 OA 线上审批系统，由采购项目主管部门、企业管理与法律事务部、财务部、采购与物资管理中心进行联合会审，并提出审核意见。

防控措施二：严格依照资格条件会审结果，编制采购方案，实行 OA 系统逐级审批。

工作标准：

1. 采购执行岗根据资格会审结果，编制采购方案，包括采购范围、资质条件、合同类型等，并将资格会审结果作为采购方案的附件。

2. 采购执行岗在 OA 系统提交采购方案，根据采购项目的预算金额进行采购与物资管理中心负责人、采购与物资管理中心分管领导、总经理、董事长的逐级审批。

防控措施三：根据审批通过的采购方案，创建采购计划，并将采购计划通过采购监管系统提交至集团指定的非招标代理机构编制采购文件。

工作标准：

1. 采购执行岗根据审核通过的采购方案，创建采购计划，并将采购计划通过采购监管系统提交至集团指定的非招标代理机构。

2. 由非招标代理机构根据接收到的采购计划，参照集团公司非招标文件范本编制采购文件。

（四）责任追究

责任人员未按工作标准履职行权的，视情节轻重，给予第一种形态处理或纪律处分。

行权 事项		非招标（工程、服务）采购计划编制	
预先 控制	廉政风险	人为设定倾向性商务条款，限制、排斥潜在供应商，为个人或他人谋取利益。	
	风险控制 前评价	风险值：24（频率P×程度S=4×6）	风险等级： 重大风险
	风险控制 措施	1. 制定《国能黄骅港务公司采购管理办法》（A），依法合规合理设置资格条件（A.28、33、34）。 2. 实行资格条件会审，形成会审意见清单。（B） 3. 根据公司内部授权管理办法，按照采购项目的预算金额，进行采购方案逐级审批。（C） 4. 根据纪律处分条例、职工违规违纪处理实施细则、监督执纪第一种形态实施细则、同级监督工作办法等（D），开展责任追究工作。	
	风险控制 后评价	风险值：2（频率P×程度S=1×2）	风险等级： 低风险

续表

行权事项		非招标（工程、服务）采购计划编制			
	工作流程	组织资格条件会审	编制采购计划	审批采购计划	提交采购计划
流程控制	工作标准	1. 熟知资格条件设定规范及要求。（A.27） 2. 采购项目主管部门、企业管理与法律事务部、财务部、采购与物资管理中心进行联合会审，形成会审意见清单。（B）	1. 熟知采购方案编制规范及要求。（A.33） 2. 根据会审结果编制采购方案。	1. 根据公司内部授权管理办法，按照采购方案的预算金额，进行逐级审批。 2. 根据项目目标的物类别和资格条件内容要求，审核采购方案，提出审核意见。（A.34，C）	根据审核通过的采购方案，创建采购计划，并将采购计划通过采购监管系统（SRM）提交至集团指定的非招标代理机构。
责任控制	岗位名称	联合会审员	采购执行岗	授权审核审批人	采购执行岗
	岗位责任	1. 对未按工作标准履职行权负直接责任。 2. 视情节轻重，给予第一种形态处理或纪律处分。（D）	1. 对未按工作标准履职行权负直接责任。 2. 视情节轻重，给予第一种形态处理或纪律处分。（D）	1. 对未按工作标准履职行权负直接责任。 2. 视情节轻重，给予第一种形态处理或纪律处分。（D）	1. 对未按工作标准履职行权负直接责任。 2. 视情节轻重，给予第一种形态处理或纪律处分。（D）

★非招标（物资）采购计划编制案例

（一）廉政风险

达到招标限额应招未招，违规拆包。设定不合理商务条款，排斥潜在供应商，为个人或他人谋取利益。

（二）责任人员履职要求

1. 熟知《国能黄骅港务公司采购管理办法》等相关制度，掌握非招标物资提报和管理流程。

2. 熟知物资属性类别，具备依规进行合理分包的能力。

（三）防控措施及工作标准

防控措施一：严格按照物资属性创建物资采购标包，编制物资采购计划。

工作标准：

1.采购执行岗根据采购计划岗在 ERP 系统下达的物资采购申请，按照物资主数据分类属性进行分包。

2.采购执行岗根据采购估算金额和物资属性选择采购方式，创建物资采购计划，形成物资采购文件初稿。

防控措施二：组织归口管理部门（设备管理中心、科技信息中心、生产保障中心及安全监察部）、需求部门进行采购文件初稿联合审查。

工作标准：

1.采购执行岗组织归口管理部门（设备管理中心、科技信息中心、生产保障中心及安全监察部）技术人员、需求部门技术人员对物资采购文件初稿中的商务条款、技术条款、物资采购明细进行联合会审，形成会审意见清单。

2.采购执行岗根据会审意见，完成物资采购文件终稿，形成采购文件会审纪要。

防控措施三：按照授权管理办法，逐级审批物资采购计划，并提交至集团指定的非招标代理机构。

工作标准：

1.采购执行岗根据采购总金额，向采购与物资管理中心负责人、采购与物资管理中心分管领导、总经理、董事长提报物资采购计划，进行逐级审批。

2.采购执行岗将审批通过的物资采购计划通过采购监管系统提交至集团指定的非招标代理机构。

3.由非招标代理机构根据接收到的物资采购计划发布询价公告。

（四）责任追究

责任人员未按工作标准履职行权的，视情节轻重，给予第一种形态处理或纪律处分。

行权事项	非招标（物资）采购计划编制		
预先控制	廉政风险	达到招标限额应招未招，违规拆包。设定不合理商务条款，排斥潜在供应商，为个人或他人谋取利益。		
	风险控制前评价	风险值：24（频率 P×程度 S=4×6）	风险等级：重大风险
	风险控制措施	1.制定《国能黄骅港务公司采购管理办法》（A），严格按照物资属性，进行合理分包，创建物资采购计划，提交至集团指定的非招标代理机构编制采购文件。2.实行对采购文件的商务和技术条款联合审核，留存采购文件审查纪要。（B）3.根据公司授权管理手册，执行 OA 系统线上逐级审批。（C）4.根据纪律处分条例、职工违规违纪处理实施细则、监督执纪第一种形态实施细则、同级监督工作办法等（D），开展责任追究工作。		
	风险控制后评价	风险值：2（频率 P×程度 S=1×2）	风险等级：低风险
流程控制	工作流程	创建采购标包编制采购计划	审查采购文件	审批采购计划
	工作标准	根据 ERP 系统下达的物资采购申请，按照物资属性类别进行合理分包，编制采购方案，按照采购估算金额和物资属性选择采购方式，创建采购计划，推送至集团指定的非招标代理机构，编制采购文件。（A.28、29）	1.归口管理部门（设备管理中心、科技信息中心、生产保障中心及安全监察部）技术人员、需求部门技术人员对物资采购文件初稿中的商务条款、技术条款、物资采购明细进行联合会审，形成会审意见清单。2.综合联合审查意见，形成采购文件终稿，留存采购文件审查纪要。（B）	根据采购预算金额进行逐级审批。（C）
责任控制	岗位名称	采购执行岗	联合会审员、采购执行岗	授权审核审批人
	岗位责任	1.对未按工作标准履职行权负直接责任。2.视情节轻重，给予第一种形态处理或纪律处分。（D）	1.对未按工作标准履职行权负直接责任。2.视情节轻重，给予第一种形态处理或纪律处分。（D）	1.对未按工作标准履职行权负直接责任。2.视情节轻重，给予第一种形态处理或纪律处分。（D）

★物资需求计划管理案例

（一）廉政风险

物资需求计划与生产现场实际需要物资不符，未经审批随意添加物资需求计划，造成物资浪费，导致公司生产成本增加。

（二）责任人员履职要求

1.熟知《国能黄骅港务公司物资计划管理办法》、《国能黄骅港务公司物资主数据管理办法》等相关制度，掌握物资需求计划提报管理和审批规定。

2.熟练掌握ERP系统采购申请创建、采购申请审批、采购申请打包上传到SRM系统操作。

（三）防控措施及工作标准

防控措施一：需求部门进行物资需求计划提报审批，费用归口部门根据费用类别进行审核。

工作标准：

1.费用归口部门（设备管理中心、科技信息中心、生产保障中心及安全监察部）费用审核人根据各需求部门提报的需求计划进行审核汇总，通过集团OA自动化办公系统经分管领导批准，报采购与物资管理中心进行审核。

2.采购计划岗对费用归口部门所提报的物资需求计划进行梳理检查，对提报不规范的需求计划进行修改或退回，确保物资需求计划提报准确有效。

防控措施二：组织需求部门、费用归口部门（设备管理中心、科技信息中心、生产保障中心、安全监察部）、采购与物资管理中心三方进行会议审查，根据审查意见编制物资需求计划，并进行逐级审批。

工作标准:

1.采购计划岗在物资需求平衡会汇报物资需求计划初审意见,编制采购需求计划清单。

2.采购计划岗进行汇总审核完毕后,以集团 OA 办公自动系统邮件方式向费用归口部门和物资需求部门反馈采购需求计划清单。

3.采购计划岗通过集团 OA 办公系统向财务部提报物资采购需求计划,在财务部审核通过后,根据采购估算金额,由采购与物资管理中心经理(采购估算额度＜20 万元)、采购与物资管理中心分管领导(20 万元≤采购估算额度＜50 万元)、总经理(50 万元≤采购估算额度＜100 万元)、董事长(100 万元≤采购估算额度)进行审批。

4.采购计划岗根据审批通过后的需求计划,在 ERP 创建采购申请,经采购与物资管理中心经理审批同意后传输下达至 SRM 系统。

(四)责任追究

责任人员未按工作标准履职行权的,视情节轻重,给予第一种形态处理或纪律处分。

行权事项		物资需求计划管理	
预先控制	廉政风险	物资需求计划与生产现场实际需要物资不符,未经审批随意添加物资需求计划,造成物资浪费,导致公司生产成本增加。	
	风险控制前评价	风险值:15 (频率 P×程度 S=5×3)	风险等级:中等风险
	风险控制措施	1.制定《国能黄骅港务公司物资需求计划管理办法》(A),进行物资需求计划审核。 2.根据公司授权管理手册(B),根据采购估算金额进行逐级审批。 3.根据纪律处分条例、职工违规违纪处理实施细则、监督执纪第一种形态实施细则、同级监督工作办法等(C),开展责任追究工作。	
	风险控制后评价	风险值:1 (频率 P×程度 S=1×1)	风险等级:低风险

行权事项		物资需求计划管理		
	工作流程	需求计划审核	编制、反馈计划	审批、下达计划
流程控制	工作标准	1. 根据归口部门费用类别审核物资需求部门通过集团OA系统提报的物资需求计划。（A.7、8）2. 需求部门提出需求计划变更，严格执行变更审批流程。（A.26）	每月进行需求计划汇总和平衡利库，初步审核需求计划描述、单位与主数据是否一致，对提报不规范的需求计划进行修改或退回。（A.6、10、11、12）	1. 组织需求部门、费用归口部门、采管中心联合会审，根据会审意见编制采购需求计划清单。（A.17）2. 通过OA邮箱将采购需求计划清单反馈至各费用归口部门和物资需求部门。（A.17）	1. 按照采购估算金额进行逐级审批。（B）2. 根据审批后的需求计划，在ERP创建采购申请，经部门负责人审批同意后传输下达至SRM系统（A.6、22）
责任控制	岗位名称	归口部门费用审核人、部门负责人、分管领导	采购计划岗	采购计划岗	授权审核审批人、采购计划岗
	岗位责任	1. 对未按工作标准履职行权负直接责任。2. 视情节轻重，给予第一种形态处理或纪律处分。（C）	1. 对未按工作标准履职行权负直接责任。2. 视情节轻重，给予第一种形态处理或纪律处分。（C）	1. 对未按工作标准履职行权负直接责任。2. 视情节轻重，给予第一种形态处理或纪律处分。（C）（C）	1. 对未按工作标准履职行权负直接责任。2. 视情节轻重，给予第一种形态处理。（C）

★到货物资入库案例

（一）廉政风险

到货物资入库数量与物资采购订单、合同、到货物资清单数量不符或将存在质量问题的物资入库，为个人或他人谋取利益，造成公司经济损失。

（二）责任人员履职要求

1. 熟知《国能黄骅港务公司物资仓储管理办法》等相关制度，了解掌握物资验收流程，明确物资验收项目。

2. 熟练掌握ERP系统物资入库操作。

（三）防控措施及工作标准

防控措施一：实行仓储管理岗随机接货，执行到货物资现场初验。

工作标准：

1. 由仓储管理科科长随机指派仓储管理岗进行接货。

2. 采购执行岗至少提前一日将物资采购订单、合同、到货物资清单告知仓储管理岗。

3. 仓储管理岗与供应商代表根据物资采购订单、合同、到货物资清单进行到货物资现场初验。针对初验发现的到货物资数量与采购订单和合同数量不符、外包装及物资毁损等情况，商议解决方案。

防控措施二：针对关键物资，由仓储管理岗组织合同管理员、物资需求人、归口管理部门技术人员、采购执行岗进行现场验收。

工作标准：

1. 关键物资在完成初验后，由仓储管理岗组织物资需求人、归口管理部门技术人员、采购执行岗现场核对实物与物资采购订单、合同、到货物资清单中的物资名称、规格型号、数量、计量单位是否一致。

2. 对于验收通过的物资，仓储管理岗在验收结论写明"合格"，验收员在物资验收单上签字；对于验收发现问题的物资，仓储管理岗在验收结论写明"不合格"，验收员在物资验收单上签字。

3. 针对验收结论为"不合格"的物资，由仓储管理岗、物资需求人、归口管理部门技术员、采购执行岗与供应商代表共同协商解决，对确因未按物资采购合同供货的，将该物资做退货处理。

4. 对确因供应商未按物资采购合同执行且不积极配合组织退换货的，仓储管理岗按照《国能黄骅港务公司供应商管理办法》相关规定进行处置。

（四）责任追究

责任人员未按工作标准履职行权的，视情节轻重，给予职工违规违纪处理办法、第一种形态处理或纪律处分。

行权事项		到货物资入库		
预先控制	廉政风险	到货物资入库数量与物资采购订单、合同、到货物资清单数量不符或将存在质量问题的物资入库，为个人或他人谋取利益，造成公司经济损失。		
	风险控制前评价	风险值：16（频率P×程度S=4×4）		风险等级：中等风险
	风险控制措施	1. 制定《国能黄骅港务公司物资仓储管理办法》（A），核验物资采购订单（B）、合同、到货物资清单（C），进行到货物资现场初验，确保入库物资数量准确、质量完好（A.11）。 2. 针对关键物资，组织物资需求人、归口管理部门技术人员、采购执行岗进行现场验收，留存验收单。（A.13） 3. 做好物资验收记录，验收单格式以ERP系统内的验收单（D）为准，参与验收人员需在验收单上签字，确认验收结论并留存。（A.14） 4. 根据纪律处分条例、职工违规违纪处理实施细则、监督执纪第一种形态实施细则、同级监督工作办法等（E），开展责任追究工作。		
	风险控制后评价	风险值：2（频率P×程度S=1×2）		风险等级：低风险
流程控制	工作流程	指派接货	接货及组织验收	物资验收
	工作标准	随机指派仓储管理岗根据物资采购订单（B）、合同、到货物资清单（C）进行接货。	1. 与供应商代表根据物资采购订单（B）、合同、到货物资清单（C），进行到货物资现场初验。 2. 针对关键物资，组织物资需求人、归口管理部门技术人员、采购执行岗进行现场验收。	1. 验收员现场核对实物与物资采购订单（B）、合同、到货物资清单（C）中的物资名称、规格型号、数量、计量单位是否一致。（A.14） 2. 验收员要严格按照采购合同要求，核对产品出厂证明、质量合格证等相关资料。（A.14） 3. 验收员须在验收单上签字，写明验收结论并留存。（D） 4. 针对验收结论为"不合格"的物资，由仓储管理岗、物资需求人、归口管理部门技术人员、采购执行岗与供应商代表共同协商解决。（A.14） 5. 对确因供应商未按物资采购合同执行且不积极配合组织退换货的，按照相关规定进行处置。

续表

行权事项	到货物资入库			
	岗位名称	仓储管理科科长	仓储管理岗	验收员、仓储管理岗
责任控制	岗位责任	1. 对未按工作标准履职行权负直接责任。 2. 视情节轻重，给予第一种形态处理或纪律处分。（E）	1. 对未按工作标准履职行权负直接责任。 2. 视情节轻重，给予第一种形态处理或纪律处分。（E）	1. 对未按工作标准履职行权负直接责任。 2. 视情节轻重，给予第一种形态处理或纪律处分。（E）

★废旧物资管理案例

（一）廉政风险

私自截留、擅自变卖废旧物资，为个人或他人谋取利益，造成公司经济损失。

（二）责任人员履职要求

熟知《国能黄骅港务公司废旧物资管理办法》等相关制度，了解掌握废旧物资分类和管理流程。

（三）防控措施及工作标准

防控措施一：严格执行废旧物资入库审核。

工作标准：

1. 废旧物资产生部门技术员将经过归口管理部门鉴定后的废旧物资实物、清单和鉴定报告移交给采购与物资管理中心废旧物资仓储管理岗（废旧物资）。

2. 仓储管理岗（废旧物资）在现场核验废旧物资实物、清单和鉴定报告一致后，执行废旧物资入库。

防控措施二：严格执行废旧物资出、入库清单管理。

工作标准：

1. 仓储管理岗（废旧物资）利用物资交旧领新信息系统实行废旧物资

信息化管理，建立废旧物资出、入库清单。

2. 仓储管理岗（废旧物资）对废旧物资实行分类、分区存放。

3. 仓储管理岗（废旧物资）审核废旧物资需求人经设备管理信息化平台提出的废旧物资领用申请，办理废旧物资实物出库。

防控措施三：对废旧物资进行全面视频监控，定期盘点。

工作标准：

1. 仓储管理岗（废旧物资）对废旧物资存放区域进行全面视频监控管理。

2. 废旧物资实行账、物分开管理，由仓储管理岗（废旧物资）对可点数废旧物资进行定期盘点。

（四）责任追究

责任人员未按工作标准履职行权的，视情节轻重，给予第一种形态处理或纪律处分。

行权事项		废旧物资管理	
预先控制	廉政风险	私自截留、擅自变卖废旧物资，为个人或他人谋取利益，造成公司经济损失。	
	风险控制前评价	风险值：16 （频率 P×程度 S=4×4）	风险等级：中等风险
	风险控制措施	1. 制定《国能黄骅港务公司废旧物资管理办法》（A），利用物资交旧领新信息系统实行废旧物资信息化管理，建立废旧物资出、入库清单。 2. 由废旧物资产生部门技术人员发起，归口管理部门进行鉴定，形成废旧物资鉴定报告。（B） 3. 对废旧物资实行分类、分区存放。（C） 4. 对废旧物资存放区进行全面视频监控管理。（D） 5. 对可点数废旧物资进行定期盘点，形成盘点记录。（E） 6. 根据纪律处分条例、职工违规违纪处理实施细则、监督执纪第一种形态实施细则、同级监督工作办法等（F），开展责任追究工作。	
	风险控制后评价	风险值：2 （频率 P×程度 S=1×2）	风险等级：低风险

行权事项		废旧物资管理		
	工作流程	入库审核	废旧物资出、入库	日常管理
流程控制	工作标准	1.接收废旧物资产生部门技术员移交的经过归口管理部门鉴定后的废旧物资实物、清单和废旧物资鉴定报告。（B） 2.现场核验废旧物资实物、清单和鉴定报告一致后，执行废旧物资入库。	1.对废旧物资实行分类、分区存放。（C） 2.利用物资交旧领新信息系统实行废旧物资信息化管理，建立废旧物资出、入库清单。 3.审核废旧物资需求人经设备管理信息化平台提出的废旧物资领用申请，办理废旧物资实物出库。	1.对废旧物资存放区进行全面视频监控管理。（D） 2.实行废旧物资账、物分开管理，对可点数废旧物资进行定期盘点，形成盘点记录。（E）
责任控制	岗位名称	仓储管理岗（废旧物资）	仓储管理岗（废旧物资）	仓储管理岗（废旧物资）
	岗位责任	1.对未按工作标准履职行权负直接责任。 2.视情节轻重，给予第一种形态处理或纪律处分。（F）	1.对未按工作标准履职行权负直接责任。 2.视情节轻重，给予第一种形态处理或纪律处分。（F）	1.对未按工作标准履职行权负直接责任。 2.视情节轻重，给予第一种形态处理或纪律处分。（F）

★日常维修管理案例

（一）廉政风险

不按规定执行日常维修需求审批、工程量审核、维修验收流程，虚报维修项目或工程量，为个人或他人谋取利益。

（二）责任人员履职要求

1.熟知《国能黄骅港务公司生产辅助区及办公区维修管理办法》、《生产保障中心生产辅助区及办公区零星维修管理实施细则》，了解掌握维修管理相关规定。

2.参加维修管理专题培训，具有较高的日常维修业务管理水平。

（三）防控措施及工作标准

防控措施一：实行维修派工机制，并根据维修提报项目预估金额执行 OA 系统线上审批机制。

工作标准：

生产保障中心运行保障科接到维修报修申请单后，根据实际情况预估维修费用，按照金额在 OA 系统进行线上分级审批：单项维修金额 <500 元，技术员审批后派发维修单位实施维修；500 元≤单项维修金额 <1000 元，技术员、科长审批后派发维修单位实施维修；1000 元≤单项维修金额 <3000 元，技术员、科长、部门副经理审批同意后派发维修单位实施维修；3000 元≤单项维修金额 <10000 元，技术员、科长、部门副经理、部门经理审批同意后派发维修单位实施维修；10000 元≤单项维修金额 <20000 元，组织召开支委会审批同意后，派发维修单位实施维修。

防控措施二：执行维修工程量审核和维修项目验收措施。

工作标准：

1. 单项维修工作完成后，报修方在维修单上签字确认。

2. 生产保障中心运行保障科每月汇总维修单，安排 1 名技术员对维修单与维修工单一致性进行核对，对不相符或重复报审的项目予以核减；同时进行工程量审核，在维修单上签字确认。

3. 技术员和运行保障科科长对单项维修金额 500 元（含）以上的项目逐项验收，对单项维修金额 <500 元的项目按照不低于 10% 的比例进行抽查验收。形成维修项目验收纪要，技术员和运行保障科科长进行签字确认。

4. 完成项目验收后，维修单位内业人员每月按照完成工作任务编制维修结算报审单报生产保障中心审核。技术员和运行保障科科长对维修项目和工程量进行复核，在结算报审单上签字确认。

（四）责任追究

责任人员未按工作标准履职行权的，视情节轻重，给予第一种形态处理或纪律处分。

行权事项		日常维修管理			
预先控制	廉政风险	不按规定执行日常维修需求审批、工程量审核、维修验收流程，虚报维修项目或工程量，为个人或他人谋取利益。			
	风险控制前评价	风险值：16（频率P×程度S=4×4）		风险等级：中等风险	
	风险控制措施	1. 制定《国能黄骅港务公司生产辅助区及办公区维修管理办法》（A）、《生产保障中心生产辅助区及办公区零星维修管理实施细则》（B），执行维修需求OA系统线上审批。 2. 执行报修人验收和业务科室专项验收。 3. 执行工程量结算二级审核机制。 4. 根据纪律处分条例、职工违规违纪处理实施细则、监督执纪第一种形态实施细则、同级监督工作办法等（C），开展责任追究工作。			
	风险控制后评价	风险值：2（频率P×程度S=1×2）		风险等级：低风险	
流程控制	工作流程	维修需求审批	维修项目结算复核	验收管理	维修结算审核
	工作标准	1. 根据单项维修额度在OA系统进行线上分级审批： 单项维修金额小于500元，技术员审批；500元≤单项维修金额<1000元，科长审批；1000元≤单项维修金额<3000元，部门副经理审批；3000元≤单项维修金额<10000元，部门经理审批。 2.10000元≤单项维修金额<20000元，组织召开支委会审议批准审批。（B.14）	1. 根据审批通过的意见，形成单项维修工单。 2. 维修结束后，复核维修单与维修工单的维修内容是否一致，不相符或重复报审的予以核减。（B.27）	1. 每月组织一次验收，单项维修金额500元（含）以上的项目逐项验收，单项维修金额小于500元的项目按照不低于10%的比例进行抽查验收。（B.25） 2. 确认项目验收合格，形成项目验收纪要，进行签字确认。	技术员根据维修结算报审单，对维修项目和维修工程量进行审核，签字确认。科长对维修项目和维修工程量进行审批，签字确认。（B.26、27）

续表

行权事项	日常维修管理				
责任控制	岗位名称	技术员、运行保障科科长、生产保障中心副经理、经理	技术员	技术员、运行保障科科长	技术员、运行保障科科长
	岗位责任	1.对未按工作标准履职行权负直接责任。 2.视情节轻重，给予第一种形态处理或纪律处分。（C）	1.对未按工作标准履职行权负直接责任。 2.视情节轻重，给予第一种形态处理或纪律处分。（C）	1.对未按工作标准履职行权负直接责任。 2.视情节轻重，给予第一种形态处理或纪律处分。（C）	1.对未按工作标准履职行权负直接责任。 2.视情节轻重，给予第一种形态处理或纪律处分。（C）

★房屋对外租赁日常管理案例

（一）廉政风险

在房屋租赁合同履行过程中，未及时催收房租致使租赁费用拖欠，造成公司销售收入确认不及时；租赁房产违规转租、转借以及多占多用，造成公司经济损失和不良影响。

（二）责任人员履职要求

1.熟知《国能黄骅港务公司合同管理办法》，了解掌握合同履行相关规定。

2.熟知《国能黄骅港务公司固定资产管理办法》，了解掌握固定资产出租相关规定。

3.熟知《国能黄骅港务公司生产辅助用房管理办法》，了解掌握生产辅助用房相关规定。

4.熟知《生产保障中心外租房监督检查管理细则》，了解掌握外租房日常监督检查相关规定。

（三）防控措施及工作标准

防控措施一：明确租赁区域及付款时限，严格按照合同约定履行合同。租赁合同的签订、履行、变更、解除等信息及时记入合同管理台账。

工作标准：

1. 房产管理岗及时、准确登记合同信息，定期查阅合同台账，在合同款支付时限到期前两个月，房产管理岗督促承租方及时办理下一周期租金支付事宜。

2. 房产管理岗将房屋租赁合同复印件提报至主管会计。根据房屋租赁合同审核缴纳租金，确认准确无误开具发票。同时做好发票领用登记。

3. 房产管理岗接收发票凭证扫描件，当月在公司财务管控平台发起房租收入确认收入及收款流程。

4. 房产管理岗整理签字盖章的房租费用明细、房租收款单等结算资料留存，并及时录入合同台账。

防控措施二：外租房现场监督员每月对租赁区域使用情况进行监督检查，防止承租单位转租、转借。

工作标准：

1. 房产管理岗记录合同台账，明确房产租赁区域、租赁时限等信息。

2. 现场督查管理员每周对租赁区域使用情况全面检查，防止转租转借及多占多用情况，填写巡查问题清单并负责监督检查问题整改落实情况，留存检查记录。

3. 由物业班组每年度排查，生产保障中心抽查职工房屋使用情况，防止转租转借情况。

4. 外租房综合管理员定期召开会议，对外租房日常管理问题及整改情况进行跟踪协调。

（四）责任追究

责任人员未按工作标准履职行权的，视情节轻重，给予第一种形态处理或纪律处分。

行权事项	房屋对外租赁日常管理				
预先控制	廉政风险	在房屋租赁合同履行过程中，未及时催收房租致使租赁费用拖欠，造成公司销售收入确认不及时；租赁房产违规转租、转借以及多占多用，造成公司经济损失和不良影响。			
	风险控制前评价	风险值：24（频率P×程度S=4×6）			风险等级：重大风险
	控制措施	1.制定《国能黄骅港务公司合同管理办法》（A），执行合同履约相关规定。 2.制定《国能黄骅港务公司固定资产管理办法》（B），建立房产租赁台账，记录租赁区域及合同履行信息，根据房租交纳情况及时登录财务管控平台流程填报。 3.制定《国能黄骅港务公司生产辅助用房管理办法》（C）执行职工享受面积标准、房租测算标准。 4.制定《生产保障中心外租房监督检查管理细则》（D），做好外租房监督检查，留存监督记录。 5.根据纪律处分条例、职工违规违纪处理办法、监督执纪第一种形态实施细则等（E），开展责任追究工作。			
	风险控制后评价	风险值：2（频率P×程度S=1×2）			风险等级：低风险
流程控制	工作流程	核实租金	核定租金	缴费审核	流程填报	监督检查
	工作标准	1.对房屋租赁单位根据合同约定金额核实租金。（B.33） 2.对在职职工每月根据职称职级变动信息情况核实生产辅助用房租金。（C.12、13） 3.对离退休职工房租按退休时职称职级标准核实租金。（C.13、37）	1.将房屋租赁合同复印件提报至主管会计。 2.起草部门联系单，制作《××年××月在职职工房租费用明细表》报职工工资发放部门核定。 3.制作《××年退休（外派）职工房租费用明细表》经部门负责人审核签字盖章后报公司财务部。	1.根据房屋租赁合同审核缴纳租金，确认准确无误开具发票。 2.根据职工工资发放部门核实确认后的职工房租费用明细代扣租金。 3.根据《××年退休（外派）职工房租费用明细表》审核缴纳租金，确认准确无误开具发票。	接收发票凭证扫描件，当月在公司财务管控平台发起房租收入确认收入及收款流程。	1.整理签字盖章的房租费用明细、房租收款单等结算资料留存，并及时录入合同台账。 2.现场督查管理员定期对租赁区域使用情况全面检查，防止转租转借及多占多用情况，留存检查记录。（D.5） 3.由物业班组每年度排查，生产保障中心抽查职工房屋使用情况，防止转租转借情况。

续表

行权事项	房屋对外租赁日常管理				
责任控制	岗位名称	房产管理岗	主管会计	房产管理岗	房产管理岗、现场督查管理员
	岗位责任	1. 对未按工作标准履职行权负直接责任。 2. 视情节轻重，给予第一种形态处理或纪律处分。（E）	1. 对未按工作标准履职行权负直接责任。 2. 视情节轻重，给予第一种形态处理或纪律处分。（E）	1. 对未按工作标准履职行权负直接责任。 2. 视情节轻重，给予第一种形态处理或纪律处分。（E）	1. 对未按工作标准履职行权负直接责任。 2. 视情节轻重，给予第一种形态处理或纪律处分。（E）

★临时用水管理案例

（一）廉政风险

拖延临时用水审批，用水量核对不准、不细，篡改用水量信息，为个人或他人谋取利益，造成公司经济损失。

（二）责任人员履职要求

1. 熟知《国能黄骅港务公司供水排水管理办法》、《国能黄骅港务公司合同管理办法》、《国能黄骅港务公司授权管理手册》等相关制度，了解掌握临时用水管理要求、监督检查规定。

2. 参加财务结算流程培训，了解掌握临时水费结算流程及相关规定。

（三）防控措施及工作标准

防控措施：实行专人专管，建立临时用水台账。实施甲乙双方现场抄表核定用水量，甲乙双方彼此进行制约与监督。

工作标准：

1. 水系统管理岗负责临时用水审批和档案管理，包括临时用水停、供水审批以及用水监督。与临时用水单位签订临时用水协议或临时用水承诺书，并对临时用水核定资料实行"一项一档"整理归档。

2. 水系统管理岗负责临时水量核定，现场抄表并保留水表底数，临时用水单位核定信息无误，在用水量确认单上签字盖章。

3. 生态环境科科长根据临时用水协议或临时用水承诺书约定的收费周期及现场临时用水实际量进行水费确认，并监督用水单位及时缴纳水费。

4. 财务部主管会计负责复核水量、单价及缴费通知单相关信息，并开具发票。

5. 生态环境科科长接收发票凭证扫描件，并在财务管控平台提报临时用水销售收入确认流程。

（四）责任追究

责任人员未按工作标准履职行权的，视情节轻重，给予第一种形态处理或纪律处分。

行权事项	临时用水管理		
预先控制	廉政风险	拖延临时用水审批，用水量核对不准、不细，篡改用水量信息，为个人或他人谋取利益，造成公司经济损失。	
	风险控制前评价	风险值：16（频率P×程度S＝4×4）	风险等级：中等风险
	风险控制措施	1. 制定《国能黄骅港务公司供水排水管理办法》（A），区分临时用水单位类别，执行分类抄表、约定单价、制单核对的计价收费机制。 2. 执行财务费用管控平台线上销售收入提报流程。（B） 3. 留存《外部水费确认单》《缴款通知单》、网上银行电子回执等缴费结算依据。（C） 4. 根据纪律处分条例、职工违规违纪处理办法、监督执纪第一种形态实施细则、同级监督工作办法等（D），开展责任追究工作。	
	风险控制后评价	风险值：2（频率P×程度S＝1×2）	风险等级：低风险

续表

行权事项	临时用水管理				
	工作流程	核定水量	核定水费	缴费审核	流程提报	资料备案
流程控制	工作标准	1.对驻港口岸单位，每季度抄表，留存本季度末和上季度末水表底数，确认季度用水量，核对信息准确无误，在用水量确认单上签字盖章。2.对外包协作单位，每月抄表，留存本月末和上月末水表底数，确认月度用水量，核对信息准确无误，在用水量确认单上签字盖章。（A.69）	依据核定确认的水量、公司价格委员会制定的水费收费单价以及收费单价说明材料，编制《外部水费确认单》《缴款通知单》，核实准确无误，签字盖章。（A.71）	对收费单凭证说明材料、水量、收费单价进行复核，核实准确无误，开具发票。	接收发票凭证扫描件，当月在公司财务管控平台上发起临时用水水费确认收入及收款流程。（B）	整理归档签字盖章的《外部水费确认单》《缴款通知单》及银行电子回执等相关电子及纸质缴费结算资料，形成结算台账。（A.71，C）
责任控制	岗位名称	水系统管理岗	生态环境科科长	财务部主管会计	生态环境科科长	水系统管理岗
	岗位责任	1.对未按工作标准履职行权负直接责任。2.视情节轻重，给予第一种形态处理或纪律处分。（D）	1.对未按工作标准履职行权负直接责任。2.视情节轻重，给予第一种形态处理或纪律处分。（D）	1.对未按工作标准履职行权负直接责任。2.视情节轻重，给予第一种形态处理或纪律处分。（D）	1.对未按工作标准履职行权负直接责任。2.视情节轻重，给予第一种形态处理。（D）	1.对未按工作标准履职行权负直接责任。2.视情节轻重，给予第一种形态处理。（D）

★非书面合同采购案例

（一）廉政风险

在非书面合同采购过程中不执行采购标准，利用职权选取相关利益方，为个人或他人谋取利益。

（二）责任人员履职要求

1.熟知《国能黄骅港务公司采购管理办法》、《国能黄骅港务公司内部授权管理手册》等相关制度，了解掌握自主采购流程、采购范围、审批权限等规定。

2. 参加采购管理专题培训，了解掌握自主采购的程序及相关规定。

（三）防控措施及工作标准

防控措施一：执行非书面合同采购管理措施，控制自主采购物品符合需求标准，防控利益关系风险发生。

工作标准：

1. 业务经办人根据年度预算额度，结合工作实际需求，提报采购需求计划，对市场进行调研，做出采购估价。

2. 业务经办人根据《国能黄骅港务公司采购管理办法》中非书面采购相关规定条款区分采购界面。对于不属于非书面采购范围的物品，按要求提报相关部门进行采购。

3. 业务科室负责人根据《国能黄骅港务公司采购管理办法》复核采购需求是否合理，采购界面是否合规。

防控措施二：召开支委会，审议采购方式、控制价、采购物品明细等，形成会议纪要。

工作标准：

1. 业务经办人起草采购议案，包含采购方式、控制价、采购物品明细、预算编码、是否超出年度预算等内容。

2. 采购估算价格超过1万元的议案，提交部门支委会进行审议，支委会出具会议纪要。

3. 采购估算价格小于1万元的议案，经办公系统业务审批流程提交部门负责人进行审批。

防控措施三：按照审批权限，审批采购合规性，并留存采购过程需求审批、方案审批、采购结果审批及会议纪要等相关资料。

工作标准：

1. 生产保障中心负责人、分管领导、总经理依据《国能黄骅港务公司采购管理办法》审批采购合规性，并根据公司实际需求、市场行情等对采购物品内容、数量等进行审核。

2. 业务经办人留存采购过程需求审批、议案审批等会议纪要或审批意见等，作为采购支撑依据。

防控措施四：按照常用业务管理授权，审批采购计划、采购结果。

工作标准：

1. 成立采购小组，电话询价2人以上，密封比价3人（含）以上单数。依照审批通过的采购计划执行采购，做好采购过程资料的留存。

2. 监督人员对采购过程进行监督管理，监督采购过程是否合规，采购结果是否合理。对于违反制度、违反规定的行为要及时制止。

3. 业务经办人负责编写采购评审报告，采购小组人员、监督人员等对评审报告内容进行书面签字确认。

4. 采购小组依据《国能黄骅港务公司采购管理办法》中采购管理流程在办公系统中提报审批。

（四）责任追究

责任人员未按工作标准履职行权的，视情节轻重，给予第一种形态处理或纪律处分。

非书面合同采购

行权事项	非书面合同采购						
廉政风险	在非书面合同采购过程中不执行采购标准，利用职权选取相关利益方，为个人或他人谋取利益。						
预先控制 风险控制前评价	风险等级：中等风险						
	风险值：16（频率P×程度S=4×4）						
风险控制措施	1. 制定《国能黄骅港务公司采购管理办法》（A），执行非书面合同采购标准，防控采购利益关系风险发生。（A.55—57）。 2. 集体审议采购方式、采购物品明细等，形成会议纪要。（B） 3. 制定《国能黄骅港务公司采购管理办法》，控制采购价，控制采购物品符合需求标准。（A.58—65）。 4. 根据纪律处分条例，职工违规违纪处理实施细则，同级监督工作办法等（C），开展责任追究工作。						
风险控制后评价	风险等级：低风险						
	风险值：2（频率P×程度S=1×2）						

流程控制 工作流程	编制需求计划	审核需求计划	部门内部审批	审批采购计划	管理采购过程	审核采购结果	审批采购结果
工作标准	1. 依据年度预算，结合工作实际需求，编制采购需求计划，采购需求计划范围、采购数量、采购金额、估算方式及采购数量、使用理由、技术规格、使用理由、预算等内容。	1. 审核需求项目理性，与实际现场需求相符性。 2. 审核需求、采购结果采购合规性的等。	1. 生产保障部党支部主持召开支委会，对≥1万元物资采购进行集体审议。生产经理通过OA办公系统·部门请示流程对＜1万元的物资进行审批。	1. 通过OA办公系统·非书面合同采购管理流程提报采购请示、采购明细清单、非书面合同采购计划审批表等资料。	1. 组织成立采购小组，依据采购方式，物资种类等执行采购过程。（A.61—63） 2. 经审批采用密封采购的，须在公司外网发布采购公告。采购小组成员为3人（含）以上单数，评议会上单数时拆封，并按要求开展监督。（A.61） 3. 经审批采用询价比价采购的，书面报价时，向3家（含）以上供书面商发出邀请；电话询价时，采购人员应进行接收并填报价记录，且至少2名（含）以上供应商报价，并上盖方至少2名（含）应商签字确认。（A.62）	1. 审核结果采购合规性。 2. 审核执行采购过程合规性。	1. 通过OA办公系统·非书面合同采购管理流程采购结果报采购评审结果报告等资料。

续表

非书面合同采购

行权事项	工作流程	编制需求计划	审核需求计划	部门内部审批	审批采购计划	采购方式管理过程	审核结果	审批采购结果
流程控制	工作标准	2. 通过京东等电商e询价或市场调研，评估采购物资价格，形成采购价格清单。(A.55) 3. 根据规定的采购物资种类及控制区分采购界面。4. 向业务科室负责人提报采购需求计划进行审核。	3. 审核年度预算余额满足采购需求。	3. 审议内容包括计划及过程的合理性合规性，包括采购方式，采购控制范围价，等。(B)	2. 按照公司非书面采购流程管理进行审批。(A.58—60)	4. 经审批采用直接采购的，编写直接采报告。(A.63) 5. 监督人员签字确认，采购小组成员，留存过程资料。	3. 采购小组成员人员、监督人员及范围，采购过程，留存。4. 审核资料的完整性。(A.71—73)	2. 按照公司非书面采购流程管理进行审批。(A.64—65)
责任控制	岗位名称	业务经办人	业务科室负责人	生产保障部书记、支部生产保障经理	生产保障中心经理、分管领导、总经理	业务经办人	业务科室负责人	生产保障中心经理、分管领导、总经理
责任控制	岗位责任	1. 对未按工作标准履职行权负直接责任。2. 视情节轻重，给予第一种形态处理或纪律处分。(C)	1. 对未按工作标准履职行权负直接责任。2. 视情节轻重，给予第一种形态处理或纪律处分。(C)	1. 对未按工作标准履职行权负直接责任。2. 视情节轻重，给予第一种形态处理。(C)	1. 对未按工作标准履职行权负直接责任。2. 视情节轻重，给予第一种形态处理。(C)	1. 对未按工作标准履职行权负直接责任。2. 视情节轻重，给予第一种形态处理或纪律处分。(C)	1. 对未按工作标准履职行权负直接责任。2. 视情节轻重，给予第一种形态处理。(C)	1. 对未按工作标准履职行权负直接责任。2. 视情节轻重，给予第一种形态处理。(C)

★科技进步奖评审案例

（一）廉政风险

报奖材料形式审查不严格，出现未签字盖章、应用不满半年的项目获奖；项目评审过程中违背公平、公正原则，为个人或他人谋取利益。

（二）责任人员履职要求

熟知《国能黄骅港务公司科技进步奖奖励办法》等相关制度，了解掌握科技进步奖工作原则和评审程序。

（三）防控措施及工作标准

防控措施一：严格履行制度要求，科技管理委员会办公室对公司科技进步奖申报材料进行形式审查，驳回不符合评奖条件的申报材料。

工作标准：

1.科技管理委员会办公室组织申报材料形式审查会议，参会形式审查专员不少于3人，填写会议签到表。

2.形式审查根据公司《科技进步奖奖励办法》制度规定操作，包括奖励范围、奖励对象、奖励等级和标准、奖项的原则性限额以及申报书是否按照要求填写等内容。

3.形式审查专员秉承客观、公平、公正的原则，做好过程记录，形成审查结果，以形式审查报告的方式留存备查。

防控措施二：科技管理委员会办公室严格履行制度要求，选取评审专家、成立专业评审组。专业评审组严格按照截尾平均数法进行综合评分，提出获奖建议清单。科技管理委员会对获奖建议清单进行审核，委员会办公室业务承办员将审核结果在公司内网进行公示。

工作标准：

1.委员会办公室采用定向邀请方式，从公司内部选取5—7名高级工程师作为评审专家，将评审专家选取情况报委员会审核后，报公司董事长审批。

2. 评审专家采取对申报材料打分的方式进行评审。评审专家组对所有评审专家的评分采用截尾平均数法进行综合计算后，得出各申报成果的分数，提出获奖建议清单。

3. 科技管理委员会根据评判等级标准对获奖建议清单进行审核。

4. 科技管理委员会办公室业务承办员将审核结果在公司内网进行为期5个工作日的公示，并接收处理异议。

5. 总经理对审核结果、公示情况、裁定情况进行审核，并召开总常会审议评审结果。

（四）责任追究

责任人员未按工作标准履职行权的，视情节轻重，给予第一种形态处理或纪律处分。

行权事项		科技进步奖评审	
预先控制	廉政风险	报奖材料形式审查不严格，出现未签字盖章、应用不满半年的项目获奖；项目评审过程中违背公平、公正原则，为个人或他人谋取利益。	
	风险控制前评价	风险值：20（频率 P×程度 S=4×5）	风险等级：重大风险
	风险控制措施	1. 制定《国能黄骅港务公司科技进步奖奖励办法》（A），制定申报、评审工作程序。 2. 实行申报人所在单位初审机制，留存申报材料。（B） 3. 科技管理委员会办公室安排专人开展形式要件审查，留存审查反馈。（A） 4. 建立评审专家库，坚持保密原则定向邀请组成专业评审组，留存专家评审记录。（C） 5. 根据纪律处分条例、职工违规违纪处理实施细则、监督执纪第一种形态实施细则、同级监督工作办法等（D），开展责任追究工作。	
	风险控制后评价	风险值：2（频率 P×程度 S=1×2）	风险等级：低风险

行权事项	科技进步奖评审					
	工作流程	申报评奖	形式要件审查	专家评审	审核评审结果	公示及裁定	审批评审结果
流程控制	工作标准	填写奖项申报材料,据实列明项目实施、成果成效等,经所在单位初审认定后,报科技管理委员会办公室。(A.13,B)	按照申报书填写说明的标准对申报材料进行形式要件审查,将不满足审查条件的申报项目通过OA邮箱进行反馈,将形式审查通过的候选项目,提交专业评审组。(A.17)	1.专业评审组采取打分的方式对申报材料进行评审,评分采用截尾平均数法进行综合后,得出各申报成果的分数。(A.18,C) 2.专业评审组根据奖励等级和标准、得分排名提出成果获奖建议清单。(A.19)	根据技术发明和应用开发成果的评判等级标准,对专业评审组提出的成果获奖建议清单进行审核。(A.20)	1.将审核结果在公司内网进行公示,公示期为5个工作日。(A.21) 2.接收处理异议,将未达成一致意见的异议提交委员会裁定。(A.21)	1.总经理对科技管理委员会审核结果、公示情况、裁定情况进行审核。(A.22) 2.主持召开总常会,审议评审结果。(A.22)
责任控制	岗位名称	申报人	形式审查专员	评审专家	科技管理委员会委员	科技管理委员会办公室业务承办员	总经理
	岗位责任	1.对未按工作标准履职行权负直接责任。 2.视情节轻重,给予第一种形态处理或纪律处分。(D)	1.对未按工作标准履职行权负直接责任。 2.视情节轻重,给予第一种形态处理或纪律处分。(D)	1.对未按工作标准履职行权负直接责任。 2.视情节轻重,给予第一种形态处理或纪律处分。(D)	1.对未按工作标准履职行权负直接责任。 2.视情节轻重,给予第一种形态处理或纪律处分。(D)	1.对未按工作标准履职行权负直接责任。 2.视情节轻重,给予第一种形态处理或纪律处分。(D)	1.对未按工作标准履职行权负直接责任。 2.视情节轻重,给予第一种形态处理或纪律处分。(D)

★ 数据信息管理案例

（一）廉政风险

系统密码及权限管理不规范或因个人主观原因造成的数据信息泄露、被篡改,损害公司利益。

（二）责任人员履职要求

1.熟知《国能黄骅港务公司网络和信息安全管理办法》等相关制度，了解掌握服务器安全管理、密码安全管理规定。

2.参加网络和信息化安全培训，掌握数据安全管理技能，具有较高的安全保密责任意识。

（三）防控措施及工作标准

防控措施一：服务器系统及软件正版化，符合安全入网要求后再允许入网，系统自动扫描，人员定期检查。

工作标准：

1.系统项目负责人确保服务器安装正版操作系统和系统应用软件，Windows操作系统要求每月更新至最新版本，安装集团服务器版统一病毒防护安全软件，保持病毒库更新，系统自动扫描。系统管理员定期通过系统管理界面查看系统自动扫描结果，将检查发现的问题反馈系统项目负责人。

2.系统项目负责人在服务器入网前需按照要求安装软件后，通过OA信息服务提交入网申请，经审批通过后，进行认证、安全扫描后方可入网。

防控措施二：制定登录密码设计规则，明确系统维护申请流程，确保系统登录及维护安全性。

工作标准：

1.系统管理员为系统使用人分配登录账号，并制定登录密码设计规则。系统使用人根据密码规则设置登录密码。登录密码实行定期更换制度，系统使用人每3个月落实强制密码修改策略要求。

2.系统使用人提出系统维护申请，经系统使用部门负责人、科技信息中心经理审批后，数据信息技术员根据批准的信息服务事项，登录系统后台开展维护工作。

（四）责任追究

责任人员未按工作标准履职行权的，视情节轻重，给予第一种形态处理或纪律处分。

行权事项		数据信息管理		
预先控制	廉政风险	系统密码及权限管理不规范或因个人主观原因造成的数据信息泄露、被篡改，损害公司利益。		
	风险控制前评价	风险值：20（频率 P×程度 S=4×5）		风险等级：重大风险
	风险控制措施	1. 制定《国能黄骅港务公司网络和信息安全管理办法》（A），制定系统使用人员登录密码强度、更新时限等规则（A.6）。 2. 制定《国能黄骅港务公司信息服务管理办法》（B），实施信息维护 OA 线上申请审批机制。 3. 实行系统分配使用权限日志管理功能。（C） 4. 系统上线前实行漏洞扫描，生成自动扫描结果。（D） 5. 根据纪律处分条例、职工违规违纪处理实施细则、监督执纪第一种形态实施细则等（E），开展责任追究工作。		
	风险控制后评价	风险值：2（频率 P×程度 S=2×1）		风险等级：低风险
流程控制	工作流程	系统漏扫	系统运行	系统维护
	工作标准	1. 系统开发完成后立即进行漏洞扫描，根据漏扫系统自动生成的报告，进行系统优化。（D） 2. 在服务器入网前须按照要求安装软件后，通过 OA 信息服务提交入网申请，经审批通过后，进行认证、安全扫描后方可入网。	1. 系统管理员定期通过系统管理界面查看系统扫描结果，将检查发现的问题反馈系统项目负责人。 2. 根据部门实际需求和岗位职责，系统管理员合理分配权限，为系统使用人分配登录账号，系统自动生成权限分配日志。（C） 3. 系统使用人每 3 个月落实强制密码修改策略要求。（A.6）	根据批准的信息服务事项，登录系统后台开展维护工作。（B）
责任控制	岗位名称	系统项目负责人	系统管理员、系统使用人	数据信息技术员
	岗位责任	1. 对未按工作标准履职行权负直接责任。 2. 视情节轻重，给予第一种形态处理或纪律处分。（E）	1. 对未按工作标准履职行权负直接责任。 2. 视情节轻重，给予第一种形态处理或纪律处分。（E）	1. 对未按工作标准履职行权负直接责任。 2. 视情节轻重，给予第一种形态处理或纪律处分。（E）

★网络安全管理案例

（一）廉政风险

执行网络安全管理通知通报不力或日常网络安全监测处置不及时，导致出现网络安全事件，影响公司生产正常运行。泄露网络安全信息，为个人或他人谋取利益。

（二）责任人员履职要求

1. 熟知《国能黄骅港务公司网络和信息安全管理办法》等相关制度，了解掌握网络安全管理规定和管控措施。

2. 参加网络安全相关培训，具有较高的网络安全技术能力和网络安全防护意识。

（三）防控措施及工作标准

防控措施一：制定互联网出口、远程访问和密码强度等网络安全管理措施标准。实行集团、公司两级网络管控监测，对监测发现的问题进行通报、督促整改落实。

工作标准：

1. 网络安全技术员根据防病毒天擎系统、网络准入系统、漏洞扫描等网络安全监测技术手段，开展网络安全监测，核实问题源头。

2. 网络安全技术员传达集团和公司两级监测发现的网络安全问题和预警通知，按照整改时限通过网络安全工作信息群进行发布，督促问题发生部门进行闭环整改。

3. 各部门网络安全管理员根据通报的问题，协调问题整改人制定整改措施，在整改时限内完成整改。

4. 各部门网络安全管理员落实预警通知要求，按照规定的举措进行管控。

5. 网络安全技术员核实各部门网络安全问题整改情况，按照整改时限上报集团或公司护网工作组。

防控措施二：根据集团常态化安全检测评分规则和集团重保期间的评分规则，明确网络安全问题管控细则，实施网络安全问题管控。

工作标准：

1. 网络安全技术员依据网络安全问题管控细则，形成网络安全问题考核评分建议。

2. 网络安全科科长对网络安全问题考核评分建议进行审核。

（四）责任追究

责任人员未按工作标准履职行权的，视情节轻重，给予第一种形态处理或纪律处分。

行权事项		网络安全管理	
预先控制	廉政风险	执行网络安全管理通知通报不力或日常网络安全监测处置不及时，导致出现网络安全事件，影响公司生产正常运行。泄露网络安全信息，为个人或他人谋取利益。	
	风险控制前评价	风险值：20（频率 P×程度 S=4×5）	风险等级：重大风险
	风险控制措施	1. 制定《国能黄骅港务公司网络和信息安全管理办法》（A），制定互联网出口、远程访问和密码强度等网络安全管理措施标准。（A.5） 2. 根据集团《常态化安全检测评分规则（试行）》和集团重保期间的评分规则，明确网络安全问题管控细则，实施网络安全问题考核。（B） 3. 实行集团、公司两级网络管控监测，对监测发现的问题进行通报、督促整改落实。（C） 4. 根据纪律处分条例、职工违规违纪处理实施细则、监督执纪第一种形态实施细则等（D），开展责任追究工作。	
	风险控制后评价	风险值：2（频率 P×程度 S=1×2）	风险等级：低风险

续表

行权事项	网络安全管理				
	工作流程	日常监测	整改管控	整改核实	监督审核
流程控制	工作标准	1. 根据防病毒天擎系统、网络准入系统、漏洞扫描等网络安全监测技术手段，开展网络安全监测，核实问题源头。（C） 2. 传达集团和公司两级监测发现的网络安全问题和预警通知，按照整改时限通过网络安全工作信息群进行发布，督促问题发生部门进行闭环整改。（A.4）	1. 根据通报的问题，协调问题整改人制定整改措施，在整改时限内完成整改。（A.5） 2. 落实预警通知要求，按照规定的举措进行管控。（A.5）	1. 核实有关部门网络安全问题整改情况，按照整改时限上报集团或公司护网工作组，并抄送科室负责人。（A.4，C） 2. 依据网络安全问题管控细则，形成网络安全问题考核评分建议。（B）	1. 对集团通报的问题，监督整改时限内上报反馈情况。（C） 2. 依据网络安全问题管控细则，审核网络安全问题考核评分建议。（B）
责任控制	岗位名称	网络安全技术员	各部门网络安全管理员	网络安全技术员	网络安全科科长
	岗位责任	1. 对未按工作标准履职行权负直接责任。 2. 视情节轻重，给予第一种形态处理或纪律处分。（D）	1. 对未按工作标准履职行权负直接责任。 2. 视情节轻重，给予第一种形态处理或纪律处分。（D）	1. 对未按工作标准履职行权负直接责任。 2. 视情节轻重，给予第一种形态处理或纪律处分。（D）	1. 对未按工作标准履职行权负直接责任。 2. 视情节轻重，给予第一种形态处理。（D）

★业务外包绩效考核案例

（一）廉政风险

业务外包绩效考核标准不明或未按标准对履约问题进行考核，为个人或他人谋取利益，造成公司经济损失。

（二）责任人员履职要求

1. 熟知《国能黄骅港务公司日常业务外包合同》、《国能黄骅港务公司日常业务外包管理办法》等相关制度，了解掌握相关考核内容与考核标准。

2. 参加绩效考核专题培训，了解掌握外包管理职责、考核流程及相关规定。

（三）防控措施及工作标准

防控措施：业务外包绩效考核实施分级管理，用工部门依据考核标准对各承包单位日常工作情况进行考核评价，共享服务中心对用工部门的考核情况进行审核。

工作标准：

1. 用工部门业务外包绩效考核员根据各承包单位日常工作开展情况，对照业务外包合同与绩效考核标准，填写业务外包绩效考核报表，提报部门负责人审核。

2. 用工部门负责人对业务外包绩效考核员提交的业务外包绩效考核报表进行审核，提出审核意见，审核无误后签字确认。

3. 用工部门业务外包绩效考核员将部门负责人签字确认的绩效考核报表加盖部门印章，并反馈承包单位确认，承包单位确认无误后签字盖章。

4. 用工部门业务外包绩效考核员将双方签字盖章确认的业务外包绩效考核报表，提交共享服务中心外委管理岗（绩效考核）审核，外委管理岗（绩效考核）依据合同要求及考核标准，提出审核意见。

5. 外委管理岗（费用结算）根据最终考核结果，在下月业务费用结算时，按考核分值核减业务费用。

（四）责任追究

责任人员未按工作标准履职行权的，视情节轻重，给予第一种形态处理或纪律处分。

行权事项		业务外包绩效考核				
预先控制	廉政风险	业务外包绩效考核标准不明或未按标准对履约问题进行考核，为个人或他人谋取利益，造成公司经济损失。				
	风险控制前评价	风险值：24（频率 P×程度 S=4×6）				风险等级：重大风险
	风险控制措施	1. 依据《业务外包承包合同》约定绩效考核内容。（A） 2. 制定《国能黄骅港务公司日常业务外包管理办法》，执行业务外包绩效考核流程。（B） 3. 留存归档《日常业务外包绩效考核报表》等资料。（C） 4. 定期对承包单位考核事项进行整改督查，形成监督检查记录。（D） 5. 根据纪律处分条例、职工违规违纪处理实施细则、监督执纪第一种形态实施细则、同级监督工作办法等（E），开展责任追究工作。				
	风险控制后评价	风险值：2（频率 P×程度 S＝1×2）				风险等级：低风险
流程控制	工作流程	绩效考核评价及审核	绩效考核审批	绩效考核报送	绩效考核审核	考核结果兑现
	工作标准	1. 按照考核标准对承包单位日常工作情况进行考核评价，编制业务外包绩效考核报表。（A，B.53、54、57、58） 2. 将业务外包绩效考核报表提报部门负责人审批。（B.54）	用工部门负责人对绩效考核报表进行审批，在绩效考核报表上签字。（B.54）	1. 将部门负责人签字的绩效考核报表加盖部门印章。（B.54） 2. 将部门绩效考核报表反馈承包单位确认，承包单位确认无误后签字盖章。 3. 将部门绩效考核报表提报共享服务中心。（B.54）	1. 依据考核标准审核用工部门提报的绩效考核报表，并提出审核意见。（B.54） 2. 留存《日常业务外包绩效考核报表》。（C）	1. 根据考核结果，在次月承包结算费用中进行兑现。（B.54） 2. 留存《日常业务外包绩效考核报表》。（C）
	岗位名称	用工部门绩效考核员	用工部门负责人	用工部门绩效考核员	外委管理（绩效考核）	外委管理（费用结算）
责任控制	岗位责任	1. 对未按工作标准履行岗位职责，出现问题纰漏，负直接责任。 2. 视情节轻重，给予第一种形态处理或纪律处分。（E）	1. 对未按工作标准履行岗位职责，出现问题纰漏，负直接责任。 2. 视情节轻重，给予第一种形态处理或纪律处分。（E）	1. 对未按工作标准履行岗位职责，出现问题纰漏，负直接责任。 2. 视情节轻重，给予第一种形态处理或纪律处分。（E）	1. 对未按工作标准履行岗位职责，出现问题纰漏，负直接责任。 2. 视情节轻重，给予第一种形态处理或纪律处分。（E）	1. 对未按工作标准履行岗位职责，出现问题纰漏，负直接责任。 2. 视情节轻重，给予第一种形态处理或纪律处分。（E）

★业务招待费管理案例

（一）廉政风险

超标准、超范围进行业务招待或套取业务招待费，为个人或他人谋取利益，造成不良影响。

（二）责任人员履职要求

1. 熟知《国能黄骅港务公司业务招待费管理办法》等相关制度，了解掌握业务招待流程及相关标准。

2. 参加业务招待费使用管理培训，熟知业务招待费使用标准。

（三）防控措施及工作标准

防控措施一：业务招待严格履行事前审批管理程序，实行"一事一批"、专人校核机制。

工作标准：

1. 办理业务招待用餐履行事前审批手续，填写《公司级日常业务招待费使用审批单》或《部门级日常业务招待费使用审批单》，包括招待单位、主要人员职务、陪同人员及人数、招待类型、接待地点、用餐时段与形式、招待事由、招待费用标准、预算费用等内容。

2. 办理公司级业务招待用餐，由共享服务中心招待费管理员准确填写《公司级日常业务招待费使用审批单》，由接待管理科安排专人对审批单内容进行校核把关，校核无误后由招待费管理员履行事前审批程序并进行登记。

3. 共享服务中心经理对《公司级日常业务招待费使用审批单》进行审核，报部门业务分管领导审批，完成审批后由招待费管理员安排招待事宜。

4. 办理部门级业务招待用餐，由本部门业务招待承办人准确填写《部门级日常业务招待费使用审批单》，由本部门安排专人对审批单内容进行校核把关，校核无误后由业务招待承办人履行事前审批程序并进行登记。

5. 部门负责人对《部门级日常业务招待费使用审批单》进行审批，由业务招待承办人安排招待事宜。

防控措施二：业务招待严格履行事中控制、事后核销管理程序，实行"一事一报"、专人校核机制，依据财务报销流程及时办理报销结算工作。

工作标准：

1. 招待费管理员或业务招待承办人依据《业务招待费使用审批单》和《业务招待用餐标准手册》安排业务招待活动，严格执行招待用餐"五个不得超标"标准要求。

2. 采取"日结周清"的方式强化业务招待费结算管控。在公司外部酒店发生的业务招待费，在业务招待完成后两周内完成费用报销；在公司内部酒店发生的业务招待费一周内完成费用报销。

3. 招待费管理员或业务招待承办人收集整理发票或费用确认单、审批单、接待工作统计表、消费明细，保证单据齐全、真实。

4. 公司级业务招待用餐费用报销由共享服务中心办理，招待费管理员收集整理相关票据，经专人线下校核无误后提报线上报销流程。

5. 部门级业务招待用餐费用报销由各部门办理，业务招待承办人收集整理相关票据，经专人线下校核无误后提报线上审批流程，经共享服务中心招待费管理员审核通过后启动报销流程。

防控措施三：建立招待费管理台账，实施定期自查和监督抽查机制。

工作标准：

1. 各部门业务招待承办人及时整理业务招待审批单、接待工作统计表、消费明细等材料，建立部门业务招待费台账，每月汇总至共享服务中心。

2. 共享服务中心招待费管理员审核接待工作统计表、消费明细与台账是否相符，是否有违规、超标现象，是否有漏填、错填，汇总台账并存档。

3. 各部门按照制度规定每半年对业务招待费使用情况进行自查。

4. 共享服务中心对公司业务招待费使用情况进行监督抽查。

（四）责任追究

责任人员未按工作标准履职行权的，视情节轻重，给予第一种形态处理或纪律处分。

业务招待费管理

行权事项		
廉政风险		超标准、超范围进行业务招待或套取业务招待费，为个人或他人谋取利益，造成不良影响。
预先控制	风险控制前评价	风险值：20（频率P×程度S=5×4） 风险等级：重大风险
	风险控制措施	1. 制定《国能费用审核及报销管理办法》（A），按照业务招待类型分类（A.3），执行业务招待事前审批、组织监督检查工作，形成监督检查记录（B）。 3. 根据监督检查分类处理纪律违规违纪处理实施细则，同级监督执纪第一种形态实施细则，职工违规违纪处理条例，开展责任追究工作。
	风险控制后评价	风险值：2（频率P×程度S=1×2） 风险等级：低风险

流程控制	工作标准	
提出申请	1. 熟知公司业务招待费管理规定。（A） 2. 履行事前审批手续，根据未来客情况及招待规划，填写《公司级日常业务招待费使用审批单》或《部门级日常业务招待费使用审批单》（A.19）	
审核申请	1. 熟知公司业务招待费管理规定。（A） 2. 审核《公司级日常业务招待费使用审批单》。 3. 各部门业务招待审批由部门负责人审批；公司级日常业务招待费使用审批单》填写审核意见。（A.19）	
批准办理	1. 熟知公司业务招待费管理规定。（A） 2. 共享业务中心号审批公司级日常招待审批单。 3. 各部门业务招待审批由部门负责人审批《部门级日常业务招待费使用审批单》。（A.19）	
安排接待	1. 熟知公司业务招待费管理规定。（A） 2. 依据业务招待用餐和《业务手册》安排业务招待活动，严格按照"业务招待"标准接待，不得超标准接待。（A.21） 3. 整理接待费用发票或发票统计表，收集超标准发票或餐费确认单，审核招待费统计表、消费单，保证票单齐全，真实。	
业务招待费用审核、报销	1. 熟知公司业务招待费管理规定。（A） 2. 公司级业务招待费用报销由共享服务中心办理，收集整理发票或餐费报销明细、审批单，建立台账。（A20） 3. 报销由各部门办理，共享服务中心收集整理整理发票或招待费用统计表，接待工作明细、审批单、消费明细、审批单、消费单，每月上报共享服务中心。	
监督检查	1. 熟知公司业务招待费管理规定。（A） 2. 各部门按照本办法规定对业务招待费使用费用进行自查。（A.28） 3. 共享服务中心对公司业务招待费或使用情况进行监督抽查。（A.29）	

续表

行权事项		业务招待费管理					
责任控制	岗位名称	招待费管理员、业务招待承办人	共享服务中心经理	共享服务中心分管领导、各部门负责人	招待费管理员、业务招待承办人	招待费管理员、业务招待承办人	招待费管理员
	岗位责任	1.对未按工作标准履职行权负直接责任。2.视情节轻重，给予第一种形态处理或纪律处分。（C）	1.对未按工作标准履职行权负直接责任。2.视情节轻重，给予第一种形态处理或纪律处分。（C）	1.对未按工作标准履职行权负直接责任。2.视情节轻重，给予第一种形态处理。（C）	1.对未按工作标准履职行权负直接责任。2.视情节轻重，给予第一种形态处理或纪律处分。（C）	1.对未按工作标准履职行权负直接责任。2.视情节轻重，给予第一种形态处理或纪律处分。（C）	1.对未按工作标准履职行权负直接责任。2.视情节轻重，给予第一种形态处理。（C）

★职业技能等级认定案例

（一）廉政风险

在技能等级认定过程中，违反技能等级认定工作纪律，提供虚假材料、泄露理论试题等，为个人或他人谋取利益。

（二）责任人员履职要求

1. 熟知《国家能源集团职业技能等级认定办法》等相关制度，了解掌握认定程序、认定范围、资格条件和考核内容等相关规定。

2. 参加公司职业技能等级认定考前相关专题培训，具有较高的技能等级合规认定责任意识。

3. 参加集团统一组织的考评员资格培训，了解掌握考评员职责、考评程序及相关规定。

（三）防控措施及工作标准

防控措施一：报名资格审核实行两级审核，部门进行初审，共享服务中心进行复核。

工作标准：

1. 申报人本着自愿真实原则，根据认定申报通知要求，如实向所在单位提出参加等级认定申请，在集团技能等级认定系统上填写个人基本信息、业绩材料、获奖证书、人才培养等资格条件材料。

2. 申报人所在单位职业技能业务管理员进行资格条件材料的审核，审核线上资料与原件的一致性，在系统上填写推荐意见，提交至共享服务中心人才发展科职业技能业务管理员。

3. 共享服务中心职业技能业务管理员根据集团职业技能等级认定工作的相关要求，对申报人在系统上提交的材料进行复审并出具意见，发现存在问题的在系统上予以退回。

防控措施二：考评过程中做好相关材料的保密管理工作，防止泄题事件发生，及时归档相关技能等级认定资料。

工作标准：

1. 职业技能业务管理员依据职业技能等级认定实施方案、理论实操考评标准组织开展技能等级认定理论考试和实操考核考试。

2. 职业技能业务管理员根据集团通知的具体要求通过机考或纸考的形式组织开展理论考试。纸考做好试卷印刷保密工作，试卷印刷执行一人操作一人监护，填写印刷登记表，印制试卷完成一人操作一人监护进行试卷的密封工作。理论考试开考前组织考评员进行考场检查，对密封试卷当场拆封；考试结束后组织考评员收完试卷立即进行封卷。组织考评员填写考场简况，质量督导填写督导工作记录表，考生填写职业行为监督评价表。

3. 职业技能业务管理员在实操考试开考前召开实操考评工作会议，明确相关保密要求，回避要求，填写会议登记表，向考评员发放实操考核标准表，实操考核结束后收集考核标准表。组织质量督导填写督导工作记录表，考生填写职业行为监督评价表。

4. 职业技能业务管理员组织召开技师、高级技师技术答辩工作会议，明确相关保密要求和回避要求，填写会议登记表。组织评委开展技能材料审阅、答辩评价计分，填写答辩表。

5. 职业技能业务管理员组织召开业绩评价工作会，组织评委开展技能业绩材料审阅，填写业绩材料评分表。

防控措施三：将申报人参评信息公示，接受职工群众监督。

工作标准：

1. 职业技能业务管理员将拟通过人员名单通过 OA 公告栏进行 5 个工作日的公示，认定结果接受职工群众监督。

2. 职业技能业务管理员将公示认定无异议结果提交共享服务中心分管领导进行审批。

3. 职业技能业务管理员将认定结果进行发文备案。

（四）责任追究

责任人员未按工作标准履职行权的，视情节轻重，给予第一种形态处理或纪律处分。

行权事项	职业技能等级认定			
预先控制	廉政风险	在技能等级认定过程中，违反技能等级认定工作纪律，提供虚假材料、泄露理论试题等，为个人或他人谋取利益。		
	风险控制前评价	风险值：20（频率 P×程度 S=4×5）		风险等级：重大风险
	风险控制措施	1. 制定《国能黄骅港务公司职业技能等级认定实施办法》，明确认定程序、资格条件等。（A） 2. 申报技能等级认定前对申报人员参评信息公示，接受职工群众监督。（B） 3. 考评过程中做好相关材料的保密管理工作，按节点归档相关技能等级认定资料。（C） 4. 根据纪律处分条例、职工违规违纪处理办法、监督执纪第一种形态实施细则等（D），开展责任追究工作。		
	风险控制后评价	风险值：2（频率 P×程度 S=1×2）		风险等级：一般风险
流程控制	工作流程	组织报名/初审推荐	材料审查	考试考核	认定结果公示/发文备案
	工作标准	1. 严格遵守职业技能等级认定工作申报相关规定，申报人本着自愿真实原则，根据认定申报通知要求，如实向所在单位提出参加等级认定申请，在集团技能等级认定系统上填写个人基本信息、业绩材料、获奖证书、人才培养等佐证材料。（A.36）	1. 根据集团职业技能等级认定工作的相关要求，对申报人在系统上提交的材料进行复审，重点审核破格、绿色通道、转序列等人员提交的获奖证书、资格证书、转系列材料等。（All）	1. 根据职业技能等级认定实施方案、理论实操考评标准组织开展技能等级认定理论考试和实操考核考试。纸考做好试卷印刷保密工作。理论考试开考前组织考评员检查考场，对密封试卷当场拆封，考试结束后组织考评员收完试卷立即进行封卷。组织考评员填写考场简况，质量督导填写督导工作记录表，考生填写职业行为监督评价表。（A.24、25）	1. 将拟通过人员名单通过 OA 公告栏进行 5 个工作日的公示。（A.11，B，C）

注：表头"流程控制"行对应五列：工作流程列下分"组织报名/初审推荐""材料审查""考试考核""认定结果公示/发文备案"。

续表

行权事项	职业技能等级认定				
	工作流程	组织报名／初审推荐	材料审查	考试考核	认定结果公示／发文备案
流程控制	工作标准	2.技能等级业务管理员进行申报人资格条件审核，重点审核现有资格证书、工作年限、教育信息、科技成果以及工作业绩等材料，系统上出具推荐意见，提交至共享服务中心。（A.11）	2.对申报人员的材料在系统上出具意见，发现存在问题的在系统上予以退回。（A.37）	2.实操考试开考前召开实操考评工作会议，明确相关保密要求，回避要求，填写会议登记表，向考评员发放实操考核标准表，实操考核结束后收集考核标准表。组织质量督导填写督导工作记录表，考生填写职业行为监督评价表。（A.24、25） 3.组织召开技师、高级技师技术答辩工作会，明确相关保密要求，回避要求，填写会议登记表，组织评委开展技能材料审阅、答辩评价计分，填写答辩表。（A.26） 4.组织召开业绩评价工作会，组织评委开展技能业绩材料审阅，填写业绩材料评分表。（A.26）	2.将公示认定无异议结果提报分管领导审批，并进行结果发文备案。（A.11，C）
责任控制	岗位名称	申报人、所在单位职业技能业务管理员	职业技能业务管理员	职业技能业务管理员	职业技能业务管理员
	岗位责任	1.对未按工作标准履职行权负直接责任。 2.视情节轻重，给予第一种形态处理或纪律处分。（D）	1.对未按工作标准履职行权负直接责任。 2.视情节轻重，给予第一种形态处理。（D）	1.对未按工作标准履职行权负直接责任。 2.视情节轻重，给予第一种形态处理或纪律处分。（D）	1.对未按工作标准履职行权负直接责任。 2.视情节轻重，给予第一种形态处理。（D）

★基层党组织工作经费管理案例

（一）廉政风险

超标准、超范围使用党组织工作经费，为个人或他人谋取利益，造成经费损失和不良影响。

（二）责任人员履职要求

1.熟知《国能黄骅港务公司党组织工作经费管理办法》等相关制度，了解掌握党组织工作经费使用范围、支出标准等。

2.参加党务工作者素质提升培训，具有较高的业务工作水平和规避风险的能力。

3.参加财务管理相关培训，熟知财务管理规定。

（三）防控措施及工作标准

防控措施一：实行专人负责，纳入财务预算管理，执行党组织工作经费预算、资金计划报备及使用审批机制。

工作标准：

1.基层党组织安排专人管理党组织工作经费，根据财务管理规定，提报资金计划、经费预算。

2.经费使用承办人制定经费使用方案，通过 OA 党组织工作经费模块提报审批。

3.党组织工作经费审批时，由各直属党组织书记负责，对经费使用是否符合规定事项范围、是否符合额度使用标准进行审核，并填写审核意见。

4.党组织工作经费使用方案经党组织书记审批同意后，由党建工作部党组织工作经费专员进行备案。

防控措施二：实行费用报销两级审核机制。

工作标准：

1. 经费使用承办人按照批准的工作方案使用经费，据实汇总整理票据、采购文件等报销资料，提报党组织负责人审核。

2. 党组织负责人审核票据真实性、支出范围和标准是否与方案一致。

防控措施三：党组织内对经费使用情况进行公示。

工作标准：

1. 基层党组织经费管理专员根据使用情况据实进行台账登记。

2. 基层党组织经费管理专员通过党组织专题会议、宣传展板等公开渠道组织进行公示，公示经费使用明细，留存公示记录。

（四）责任追究

责任人员未按工作标准履职行权的，视情节轻重，给予第一种形态处理或纪律处分。

行权事项		基层党组织工作经费管理	
预先控制	廉政风险	超标准、超范围使用党组织工作经费，为个人或他人谋取利益，造成经费损失和不良影响。	
	风险控制前评价	风险值：24（频率 P×程度 S=4×6）	风险等级：重大风险
	风险控制措施	1. 依据公司财务预算考核实施方案规定（A），执行经费预算、资金计划报备机制。2. 制定《国能黄骅港务公司党组织工作经费管理办法》（B），基层党组织安排专人负责党组织工作经费使用管理，形成经费使用管理台账。3. 按照职责管理权限，实行 OA 系统线上审批机制。（B）4. 在本级党组织内对经费使用情况进行公示。（B）5. 根据纪律处分条例、职工违规违纪处理实施细则、监督执纪第一种形态实施细则等（C），开展责任追究工作。	
	风险控制后评价	风险值：2（频率 P×程度 S=1×2）	风险等级：低风险

续表

行权事项	基层党组织工作经费管理			
流程控制	工作流程	提报资金计划、月度预算，制定经费使用方案	审核经费使用方案及票据		登记及公示
	工作标准	1.熟知财务管理规定。（A） 2.根据财务管理规定，提报资金计划、月度预算。（A） 3.根据下达的资金计划及月度预算，制定经费使用方案，列明经费使用具体事项及额度，通过OA党组织工作经费模块提报经费使用方案。（B.19）	1.通过OA系统党组织工作经费模块，审核经费使用方案。（B.19） 2.审核经费使用是否符合规定的事项范围，是否符合额度使用标准，填写审核意见。（B.20） 3.通过财务系统审核票据，审核费用发票明细是否符合事项、额度标准规定，填写审核意见。（B.19）	1.通过财务系统审核党组织关于经费使用的审核意见。（B.19） 2.审核费用支出是否符合方案及制度规定的事项范围、额度标准，填写审核意见。（B.19）	1.根据使用情况据实进行台账登记。（B） 2.通过党组织专题会议、公司内网等公开渠道进行公示，公示经费使用明细，留存公示记录。（B.24）
责任控制	岗位名称	经费使用承办人	直属党组织负责人	党建工作部经费管理专员	直属党组织经费管理专员
	岗位责任	1.对未按工作标准履职行权负直接责任。 2.视情节轻重，给予第一种形态处理或纪律处分。（C）	1.对未按工作标准履职行权负直接责任。 2.视情节轻重，给予第一种形态处理或纪律处分。（C）	1.对未按工作标准履职行权负直接责任。 2.视情节轻重，给予第一种形态处理。（C）	1.对未按工作标准履职行权负直接责任。 2.视情节轻重，给予第一种形态处理。（C）

★党费管理案例

（一）廉政风险

未足额、按时交纳党费，未按规定范围和流程支出党费，违规截留、套取党费。

（二）责任人员履职要求

1.熟知《国能黄骅港务公司党费收缴、使用、管理实施办法》等相关制度，了解掌握党费交纳规定、党费使用规定。

2. 参加党务工作者素质提升培训，具有较高的业务工作水平和规避风险的能力。

3. 参加财务管理相关培训，熟知财务管理规定。

（三）防控措施及工作标准

防控措施一：建立党费缴纳专用账户，实行党费缴纳信息系统闭环管理。

工作标准：

1. 每月各直属党组织党费管理员通过党建云平台系统下达党费月交纳任务。

2. 党员本人按照当月缴额度向党费专用账户转账。

3. 直属党组织党费管理员在当月缴费周期内核实缴费党员人数、金额，确认无误后向公司党费专户进行党费上缴。

防控措施二：实行专人专管，党费支出实行年度预算和审核机制，并进行公示。

1. 党建工作部党费管理员每年第一季度制定党费年度预算，提请党建工作部主任审核后，提交党委会审批。

2. 按照规定的党费使用范围，党建工作部党费管理员建立党费收支台账。

3. 财务部主管会计审核每笔支出党费的正式税票、有关凭证、文字说明及有关材料，填写审核意见。

4. 每年末党建工作部党费管理员与财务部主管会计共同核算当年党费收缴、使用情况，核对财务流水、账户余额等。

5. 党建工作部党费管理员每年初通过 OA 公告栏、公司内网等对上一年度党费收支情况进行公示，列明党费收支项及金额、账户余额等。

（四）责任追究

责任人员未按工作标准履职行权的，视情节轻重，给予第一种形态处理或纪律处分。

行权事项		党费管理			
预先控制	廉政风险	未足额、按时交纳党费，未按规定范围和流程支出党费，违规截留、套取党费。			
	风险控制前评价	风险值：24 （频率 P×程度 S=4×6）		风险等级：重大风险	
	风险控制措施	1. 制定《国能黄骅港务公司党费收缴、使用、管理实施办法》（A），执行党费收缴流程，党费使用预算集体审议机制。 2. 运用党建云平台收缴党费，线上自动留存党费交纳时间、交纳额度信息。（A） 3. 党建工作部和财务部分设专人负责党费管理，实现管办分离。（A） 4. 执行党费使用报销审核。（A） 5. 建立党费收支台账，每年定期公示党费使用情况。（A） 6. 每月通过管控系统、党费专用账户流水核对直属党（总）支部党费上缴情况。（B） 7. 开具党费收据，留存党费使用报销的相关凭证。（A） 8. 根据纪律处分条例、职工违规违纪处理实施细则、监督执纪第一种形态实施细则等（C），开展责任追究工作。			
	风险控制后评价	风险值：2 （频率 P×程度 S=1×2）		风险等级：低风险	
流程控制	工作流程	交纳党费	党费收缴	党费审核	党费预算、支出、公示
	工作标准	1. 每年初按照公司党费收缴通知及计算公式，据实核算本人当年度月交党费额度。（A.7） 2. 每月按时足额通过党建云平台交纳党费。（A.16）	1. 每年初检查所辖党员核算本人月交党费额度是否正确。（A.16） 2. 每月按期在党建云平台系统下达党费收缴任务。（A.16） 3. 每月底根据已下达的任务及所辖党员人数，通过党建云平台系统检查是否全员交纳，提醒未及时交纳的党员，完成全员党费上缴。（A.16）	每年初核实党费管理专员检查所辖党员核算本人月交党费额度是否正确。（A.16）	1. 每年第一季度制定党费年度预算，提请党建工作部负责人审核后，提交党委会审议。（A.23） 2. 次月初检查上月度各直属党（总）支部党费上缴情况，核实缴纳额度异常变化情况。（B） 3. 抽查党员足额交纳党费情况，形成抽查记录。（B） 4. 按照规定的党费使用范围，建立党费收支台账。（A.31） 5. 每年初通过公司公告栏、党员代表大会等方式公示上一年度党费收缴及使用管理情况，留存公示报告。（A.30）

行权事项	党费管理				
	岗位名称	各直属党组织所辖党员	直属党组织党费管理员	直属党组织负责人	党建工作部党费管理员
责任控制	岗位责任	1.对未按工作标准履职行权负直接责任。2.视情节轻重，给予第一种形态处理或纪律处分。（C）	1.对未按工作标准履职行权负直接责任。2.视情节轻重，给予第一种形态处理。（C）	1.对未按工作标准履职行权负直接责任。2.视情节轻重，给予第一种形态处理。（C）	1.对未按工作标准履职行权负直接责任。2.视情节轻重，给予第一种形态处理或纪律处分。（C）

★ 工会经费管理案例

（一）廉政风险

超标准、超范围使用工会经费，为个人或他人谋取利益，造成经费损失和不良影响。

（二）责任人员履职要求

1. 熟知《国能黄骅港务公司工会经费收支管理办法》等相关制度，了解掌握工会经费使用范围、支出标准等。

2. 参加工会工作者素质提升培训，具有较高的业务工作水平和规避风险的能力。

3. 参加财务管理相关培训，熟知财务管理规定。

（三）防控措施及工作标准

防控措施一：实行工会经费分级预算、分级管控机制。公司工会使用经费实行工会委员会集体领导下的主席负责制，重大收支集体研究决定；分配给各基层工会预算项目内的经费由各基层工会主席负责。

工作标准：

1. 工会工作部工会管理岗制定年度工作预算及下拨方案，公司工会委员会集体审批。

2. 基层工会依据下拨经费制订年度工作计划，列明活动事项及支出额度，公司工会委员会集体审批。

3. 各级工会干事根据年度工作计划制定活动方案，据实整理活动方案、活动签领表、活动费用票据等报销凭证资料。

4. 公司工会主席或基层工会主席审核活动方案以及报销凭证资料的一致性、真实性，签字确认。

防控措施二：成立工会经费审查委员会，开展专项经费审计工作。

工作标准：

1. 经费审查委员会每年对工会经费收支使用情况开展专项经费审计，形成专项审计报告。

2. 各级工会主席对审计出的问题组织专项整改，制定整改措施，审核整改报告。

3. 工会管理岗定期开展工会经费收支及使用情况监督检查，形成监督检查报告。

（四）责任追究

责任人员未按工作标准履职行权的，视情节轻重，给予第一种形态处理或纪律处分。

行权事项	工会经费管理		
预先控制	廉政风险	超标准、超范围使用工会经费，为个人或他人谋取利益，造成经费损失和不良影响。		
	风险控制前评价	风险值：24（频率 P×程度 S=4×6）	风险等级：重大风险
	风险控制措施	1. 制定《国能黄骅港务公司工会经费收支管理办法》（A），实行工会经费分级预算、分级管控机制。公司工会使用经费实行工会委员会集体领导下的主席负责制，重大收支集体研究决定；分配给各基层工会预算项目内的经费由各基层工会主席负责。 2. 建立工会经费使用管理台账。（A） 3. 每年通过工代会开展工会经费收支情况公示，留存公示报告。（A） 4. 组织经费审查委员会开展专项经费审计，形成专项工作报告。（B） 5. 根据纪律处分条例、职工违规违纪处理实施细则、监督执纪第一种形态实施细则等（C），开展责任追究工作。		
	风险控制后评价	风险值：2（频率 P×程度 S=1×2）	风险等级：低风险

续表

行权事项	工会经费管理					
	工作流程	制定使用方案	审核方案	组织使用	报销审核	监督检查
流程控制	工作标准	1. 熟知工会经费收支管理规定。（A.11、12、13）2. 熟知掌握工会经费年度使用预算，制订工会经费使用计划。（A.2）3. 根据经费使用计划，制定经费使用方案，明确活动形式、具体内容，列明经费使用具体事项及额度。（A.11、12、13）	1. 熟知工会经费收支管理规定。（A.11、12、13）2. 对拟开展活动的形式、具体内容、经费使用范围及额度进行审核，填写批准意见。（A.7）	1. 熟知工会经费收支管理规定。（A.11、12、13）2. 按照批准的方案开展活动，留存签领表、购物清单、费用发票等活动纪实资料。（A.28）3. 根据使用情况据实进行台账登记。（A.27）	1. 熟知工会经费收支管理规定。（A.11、12、13）2. 审核活动纪实资料的真实性、完整性，填写批准意见。（A.26）	1. 熟知工会经费收支管理规定。（A.11、12、13）2. 根据工会经费使用规定，对经费使用合规性开展专项审计，形成专项工作报告。（B）3. 定期开展工会经费收支及使用情况监督检查，形成监督检查报告。
责任控制	岗位名称	各级工会干事	各级工会主席	各级工会干事	各级工会主席	经审委主任、工会管理岗
	岗位责任	1. 对未按工作标准履职行权负直接责任。2. 视情节轻重，给予第一种形态处理或纪律处分。（C）	1. 对未按工作标准履职行权负直接责任。2. 视情节轻重，给予第一种形态处理。（C）	1. 对未按工作标准履职行权负直接责任。2. 视情节轻重，给予第一种形态处理或纪律处分。（C）	1. 对未按工作标准履职行权负直接责任。2. 视情节轻重，给予第一种形态处理。（C）	1. 对未按工作标准履职行权负直接责任。2. 视情节轻重，给予第一种形态处理。（C）

★走访慰问管理案例

（一）廉政风险

超标准、超范围走访慰问，为个人或他人谋取利益，造成经费损失和不良影响。

（二）责任人员履职要求

1. 熟知《国能黄骅港务公司走访慰问管理办法》等相关制度，了解掌握走访慰问人员范围、经费使用标准等。

2.掌握集团关于走访慰问专项通知的具体要求，具有较高的业务工作水平和规避风险的能力。

3.参加财务管理相关培训，熟知财务管理规定。

（三）防控措施及工作标准

防控措施一：实行专人负责，接收集团公司慰问事项通知，执行专项方案审批机制。

工作标准：

1.慰问办理部门负责人接收集团慰问通知后，指派一人担任该项慰问业务办理人。

2.慰问办理人制定慰问工作方案。列明慰问人员名单或人员范围、慰问标准、列支费用渠道。

3.慰问工作方案经慰问办理部门负责人审核后提交分管领导审批。

防控措施二：执行慰问签领及归档。

工作标准：

1.慰问办理人制作签领表，列明慰问人员姓名、慰问金额度或慰问品名称和数量，慰问人员在接收慰问金或慰问品后在签领表上签字确认。

2.慰问办理人建立工作台账，将集团公司慰问事项通知、慰问方案、签领表等资料归档。

（四）责任追究

责任人员未按工作标准履职行权的，视情节轻重，给予第一种形态处理或纪律处分。

行权事项		走访慰问管理			
预先控制	廉政风险	超标准、超范围走访慰问，为个人或他人谋取利益，造成经费损失和不良影响。			
	风险控制前评价	风险值：12（频率 P×程度 S=2×6）		风险等级：中等风险	
	风险控制措施	1. 制定《国能黄骅港务公司走访慰问管理办法》以及依据集团公司专项工作通知等（A），按照规定的慰问对象范围和慰问标准，开展走访慰问。 2. 实行慰问对象认定，分类建立慰问对象库。（B） 3. 实施慰问签领，留存慰问签领表。（C） 4. 根据纪律处分条例、职工违规违纪处理实施细则、监督执纪第一种形态实施细则、同级监督工作办法等（D），开展责任追究工作。			
	风险控制后评价	风险值：2（频率 P×程度 S=1×2）		风险等级：低风险	
流程控制	工作流程	起草慰问方案	经费审核	批准办理	组织使用
	工作标准	1. 熟知走访慰问相关经费收支管理规定。（A） 2. 起草走访慰问工作方案，列明慰问事项、人员范围、慰问标准、经费列支渠道。（A） 3. 通过公司内网等对拟认定的困难党员、困难职工进行公示。每年分类动态更新慰问对象库，留存佐证及认定工作资料。（B）	1. 熟知走访慰问相关经费收支管理规定。（A） 2. 审核慰问事项、人员范围、慰问标准、经费列支渠道，填写审核意见。（A）	1. 熟知走访慰问相关经费收支管理规定。（A） 2. 根据经费列支渠道和分管业务，审核慰问事项、人员范围、慰问标准、经费列支渠道，填写批准意见。（A）	1. 熟知走访慰问相关经费收支管理规定。（A） 2. 开展走访慰问，组织慰问对象签领确认，签领表列明慰问明细，留存慰问签领表。（C）
责任控制	岗位名称	慰问办理人	慰问办理部门负责人	分管领导	慰问办理人
	岗位责任	1. 对未按工作标准履职行权负直接责任。 2. 视情节轻重，给予第一种形态处理或纪律处分。（D）	1. 对未按工作标准履职行权负直接责任。 2. 视情节轻重，给予第一种形态处理或纪律处分。（D）	1. 对未按工作标准履职行权负直接责任。 2. 视情节轻重，给予第一种形态处理或纪律处分。（D）	1. 对未按工作标准履职行权负直接责任。 2. 视情节轻重，给予第一种形态处理或纪律处分。（D）

★员工疗养管理案例

（一）廉政风险

违规选择疗养地点或改变活动行程，变相组织公款旅游，参加疗养的人员不符合员工疗养范围。

（二）责任人员履职要求

1. 熟知《国能黄骅港务公司员工疗养管理办法》等相关制度，了解掌握疗休养人员范围、经费使用标准等。

2. 参加财务相关培训，熟知财务管理规定。

（三）防控措施及工作标准

防控措施一：实行员工疗养方案审批机制。

工作标准：

1. 工会工作部工会管理岗制定年度疗养工作方案，列明疗养地点、人员资格条件等内容，疗养地点的选择限于集团内部疗休养基地和工会系统内部疗养院所。

2. 员工疗养方案经工会工作部主任审核后提交公司党委会审批。

3. 工会管理岗依据批准的疗养方案联系疗养院所，协商确定疗养行程。

4. 工会工作部主任审核疗养行程。

5. 公司工会主席审核疗养合同，合同中明确约定疗养行程安排及相关报价。

防控措施二：实行疗养领队负责制，执行报销凭证两级审核，确保行程合规。

工作标准：

1. 疗养领队带领疗养人员参加合同约定的疗养行程活动。

2. 员工疗养结束后，工会管理岗整理疗养院所提供的发票、结算清单等报销凭证，审核结算明细与合同报价的一致性。

3.财务部主管会计对疗养费用报销票据、结算明细、合同约定报价进行复审。

（四）责任追究

责任人员未按工作标准履职行权的，视情节轻重，给予第一种形态处理或纪律处分。

行权事项	员工疗养管理			
预先控制	廉政风险	违规选择疗养地点或改变活动行程，变相组织公款旅游，参加疗养的人员不符合员工疗养范围。		
	风险控制前评价	风险值：18（频率 P×程度 S=3×6）		风险等级：重大风险
	风险控制措施	1.制定《国能黄骅港务公司员工疗养管理办法》（A），制定员工疗养资格和疗养地点选择范围。 2.实行员工疗养方案审批机制。（B） 3.按照员工疗养分配名额，实行资格审核部门负责制，留存报名表。（C） 4.根据纪律处分条例、职工违规违纪处理实施细则、监督执纪第一种形态实施细则、同级监督工作办法等（D），开展责任追究工作。		
	风险控制后评价	风险值：2（频率 P×程度 S=1×2）		风险等级：低风险
流程控制	工作流程	起草疗养方案	审核疗养方案	批准办理	组织实施
	工作标准	1.熟知疗养工作有关规定。（A） 2.在工会系统内和集团系统内选择疗养院。（A.10） 3.按照有关规定制定疗养行程安排。（A.11、12） 4.制定员工疗养资格和分配名额。（A.5、6、7）	1.熟知疗养工作有关规定。（A） 2.根据疗养工作规定，审核疗养地点、行程安排等。（B）	1.熟知疗养工作有关规定。（A） 2.主持召开党委会，认真落实民主集中制原则，客观公正地发表意见，研究审议疗养工作方案。（B）	1.熟知疗养工作有关规定。（A） 2.发布工作通知，组织各部门按照员工疗养资格推荐疗养人员，收集报名表，形成疗养人员名单。（C） 3.根据疗养方案规定的疗养地点、行程安排和疗养人员名单，现场组织疗养活动。（A.12）

续表

行权事项	员工疗养管理				
	岗位名称	工会管理岗	工会工作部主任、公司工会主席	党委书记	工会管理岗、疗养领队
责任控制	岗位责任	1. 对未按工作标准履职行权负直接责任。 2. 视情节轻重，给予第一种形态处理或纪律处分。（D）	1. 对未按工作标准履职行权负直接责任。 2. 视情节轻重，给予第一种形态处理或纪律处分。（D）	1. 对未按工作标准履职行权负直接责任。 2. 视情节轻重，给予第一种形态处理或报上级给予纪律处分。（D）	1. 对未按工作标准履职行权负直接责任。 2. 视情节轻重，给予第一种形态处理或纪律处分。（D）

★薪酬管理案例

（一）廉政风险

违规调整员工薪酬或在核算与发放员工工资（奖金）时徇私舞弊，为个人或他人谋取利益。

（二）责任人员履职要求

1. 熟知《国家能源集团子分公司领导人员薪酬管理办法》、《国能黄骅港务公司薪酬管理办法》《国能黄骅港务公司员工绩效考核管理办法》《国能黄骅港务公司中层管理人员年薪管理办法》、《国能黄骅港务公司员工考勤与休假管理办法》等相关制度，了解掌握薪酬核算与发放规则和要求。

2. 参加薪酬管理专题培训，具有较高的业务工作水平和规避风险的能力。

（三）防控措施及工作标准

防控措施一：实施员工薪酬调整以及员工绩效薪酬（奖金）二次分配的层级审批机制。

工作标准：

1. 薪酬管理岗熟知员工薪酬调整规则，撰写《员工薪酬调整报告》，列明员工姓名、调整事项、薪酬标准。

2. 组织人事部主任及分管领导熟知员工薪酬调整规则，按照相关程序审核审批《员工薪酬调整报告》。

3. 各单位薪酬管理员熟知所在单位制定和备案的员工绩效考核实施细则，编制所在单位《员工薪酬（奖金）二次分配明细表》，复核人复核后报部门负责人审批。

防控措施二：实施 ERP 人力资源系统管控，留存员工薪酬调整表、员工绩效薪酬（奖金）二次分配明细表、员工薪酬（奖金）发放明细表接受备查。

工作标准：

1. 薪酬管理岗熟知各单位员工绩效考核实施细则以及公司薪酬相关管理制度，汇总各单位《员工薪酬（奖金）二次分配明细表》，通过 ERP 人力资源系统核算公司员工薪酬（奖金），生成薪酬明细表。

2. 组织人事部主任和公司领导按照相关程序审核审批《黄骅港薪酬明细表（正式核算）》。

3. 财务部主管会计熟知员工薪酬（奖金）发放有关财务规则，按员工薪酬（奖金）兑现明细进行发放并存档。

防控措施三：开展各单位员工薪酬（奖金）二次分配年度专项检查工作。

工作标准：

薪酬管理岗熟知各单位员工绩效考核实施细则以及公司薪酬相关管理制度，组织开展员工薪酬（奖金）二次分配年度专项检查，形成检查报告。

（四）责任追究

责任人员未按工作标准履职行权的，视情节轻重，给予第一种形态处理或纪律处分。

行权事项	薪酬管理								
廉政风险	违规调整员工薪酬或在核算与发放员工工资（奖金）时徇私舞弊，为个人或他人谋取利益。								
风险控制前评价	风险值：24（频率P×程度S=4×6）　风险等级：重大风险								
预先控制　风险控制措施	1. 制定《国能黄骅港务公司薪酬管理办法》（A）、《国能黄骅港务公司员工绩效考核管理办法》（B）、《国能黄骅港务公司中层管理人员年薪管理办法》（C），开展薪酬（奖金）核算与发放。（D） 2. 安排专人负责薪酬调整和员工绩效考核实施细则。（E） 3. 各单位制定、备案员工薪酬以及员工绩效考核实施细则。（E） 4. 实施员工薪酬调整以及员工绩效考核（奖金）二次分配的层级审批机制。（F） 5. 实施ERP人力资源系统管控，留存员工薪酬调整表、员工绩效薪酬（奖金）二次分配明细表。（G） 6. 发放各单位明细表接受备查。（G） 7. 根据纪律处分条例，职工违规违纪处理处置细则，监督执纪第一种形态实施细则，同级监督工作办法等（I）。开展员工薪酬（奖金）二次分配年度专项检查工作。（H）								
风险控制后评价	风险值：2（频率P×程度S=1×2）　风险等级：低风险								
流程控制　工作流程	提报薪酬调整	审核薪酬调整	批准办理	员工薪酬（奖金）二次分配	审核员工薪酬（奖金）二次分配	审批员工薪酬（奖金）核算	审核员工薪酬（奖金）核算	审批员工薪酬（奖金）核算	员工薪酬（奖金）发放
工作标准	1. 熟知员工薪酬调整规则。（A.5、A.5、C.6）	1. 熟知员工薪酬调整规则。（A.5、A.5、C.6）	1. 熟知员工薪酬调整规则。（A.5、A.5、C.6）	1. 编制员工绩效考核实施细则，在部门内进行公示通过，提交组织人事部备案。（B.24、E）	1. 审批所在部门《员工薪酬（奖金）二次分配明细表》，填写批准意见。（A.15、F）	1. 熟知各类员工绩效考核实施细则以及公司薪酬相关管理制度。（H）	1. 审核《黄骅港务薪酬明细表（正式核算）》式核算。（G）	1. 审核《黄骅港务薪酬明细表（正式核算）》式核算。（G）	1. 熟悉员工薪酬（奖金）发放有关财务规则。（H）

续表1

薪酬管理

行权事项	提报薪酬调整	审核薪酬调整	批准办理	员工薪酬（奖金）二次分配	审核员工薪酬（奖金）二次分配	员工薪酬（奖金）核算	审核员工薪酬（奖金）核算	审批员工薪酬（奖金）核算	批准办理	员工薪酬（奖金）发放
工作流程										
流程控制 工作标准	2. 撰写《员工薪酬调整报告》，列明员工姓名、薪酬调整事项、薪酬标准等。(A.35)	2. 审核《员工薪酬调整报告》，填写审核建议。(A.35)	2. 审核《员工姓名、调整事项、薪酬标准》，填写批准意见。(A.35)	2. 熟悉所在单位实施员工绩效考核实施细则。(B.7) 3. 将员工绩效考核结果在部门（科室、班组）内部公示，留存公示记录。 4. 制作所在部门《员工薪酬（奖金）二次分配明细表》，复核人对明细表进行复核，确认确认无误。(A.15, D)		2. 汇总各单位《员工薪酬（奖金）二次分配明细表》，通过ERP人力资源系统核算公司员工薪酬（奖金），生成薪酬明细表。(A.15, G) 3. 每年开展员工薪酬（奖金）二次分配年度专项检查，形成检查报告。(H)	2. 填写审核意见。(G)	2. 填写审批意见。(G)	2. 填写批准意见。(G)	2. 按现行薪酬（奖金）明细进行发放并存档。(G)

续表2

行权事项		薪酬管理									
	岗位名称	薪酬管理岗	组织人事部主任	组织人事部分管领导	各单位绩效薪酬管理员及复核人	各单位负责人	薪酬管理岗	组织人事部主任	总会计师	党委书记、董事长	主管会计
责任控制	岗位责任	1.对未按工作标准履行职权负直接责任。2.视情节轻重,给予第一种形态处理或纪律处分。(I)	1.对未按工作标准履行职权负直接责任。2.视情节轻重,给予第一种形态处理。(I)	1.对未按工作标准履行职权负直接责任。2.视情节轻重,给予第一种形态处理。(I)	1.对未按工作标准履行职权负直接责任。2.视情节轻重,给予第一种形态处理或纪律处分。(I)	1.对未按标准履行职权负直接责任。2.视情节轻重,给予第一种形态处理。(I)	1.对未按工作标准履行职权负直接责任。2.视情节轻重,给予第一种形态处理或纪律处分。(I)	1.对未按工作标准履行职权负直接责任。2.视情节轻重,给予第一种形态处理。(I)	1.对未按工作标准履行职权负直接责任。2.视情节轻重,给予第一种形态处理。(I)	1.对未按工作标准履行职权负直接责任。2.视情节轻重,给予第一种形态处理。(I)	1.对未按工作标准履行职权负直接责任。2.视情节轻重,给予第一种形态处理。(I)

★员工招聘案例

（一）廉政风险

在面向社会或集团公司系统内进行员工招聘过程中，违反组织纪律和工作纪律发生违规录用等情况。

（二）责任人员履职要求

1. 熟知《国能黄骅港务公司员工招聘与调配管理办法》等相关制度，了解掌握面向社会或集团公司系统内公开招聘的程序和要求。

2. 参加组织人事专题培训，具有较高的业务工作水平和规避风险的能力。

（三）防控措施及工作标准

防控措施一：落实员工招聘审批和备案制度，出现相关情况及时向相应层级领导和组织报告。

1. 组织人事部主任根据集团批复的年度用工计划，结合所属单位人员配置实际，就面向社会或集团公司系统内公开招聘事宜征求分管领导及相关领导意见，明确招聘岗位、人数及任职要求，启动公开招聘工作。

2. 劳动组织岗根据确定的招聘岗位、人数、任职条件要求等，编制招聘方案。

3. 公司党委书记主持召开党委会议，认真落实民主集中制原则，客观公正地发表意见，研究审议招聘方案后，上报集团审批。

4. 劳动组织岗根据集团审批情况，在集团人力资源招聘系统中公开发布招聘公告。

5. 劳动组织岗在招聘报名日期截止后，审查应聘人员的个人信息，形成符合应聘条件的人员名单。

6. 组织人事部主任根据实际需要，提议组成至少 3 人的测评组。测评组根据应聘人员表现进行打分，汇总形成测评结果。必要时，提议进行笔试，笔试试卷分为 A、B 卷，笔试现场随机抽取；必要时，提议组成考察组，赴应聘人员所在单位进行实地走访、查阅人事档案、个别谈话等，全面了解拟录用人员各方面情况。

7.劳动组织岗根据测评结果及考试考察情况（必要时），形成拟录用人选名单，起草招聘工作结果上会议案。

8.公司党委书记主持召开党委会议，认真贯彻民主集中制，客观公正地发表意见，研究审议拟录用人选名单，上报集团公司审批。

9.劳动组织岗根据集团公司批复意见，履行员工调入手续。

防控措施二：建立员工招聘纪实机制，按时归档相关人事资料，专人负责、专柜保存。

工作标准：

1.劳动组织岗对员工招聘的各个环节进行全程详细纪实。

2.员工招聘工作结束后，劳动组织岗对招聘过程中形成的重要原始资料（报名表、笔试试卷、测评打分表、谈话记录等）进行汇总整理并专柜保存。

3.劳动组织岗将全程纪实材料和重要原始材料存入专用保密柜，保密柜设置密码。

（四）责任追究

责任人员未按工作标准履职行权的，视情节轻重，给予第一种形态处理或纪律处分。

员工招聘

行权事项	廉政风险	在面向社会或集团公司系统内公开招聘过程中，违反组织纪律和工作纪律发生违规录用等情况。

预先控制

风险控制前评价	风险值：18（频率P×程度 S=3×6）　风险等级：重大风险
风险控制措施	1. 制定《国能黄骅港务公司员工招聘与调配管理办法》（A），执行员工招聘工作程序。（B） 2. 应聘人员登录集团人力资源招聘系统录入个人信息。（B） 3. 建立公开招聘纪实机制，按时归档相关人事资料，专人负责，专柜保存。（C） 4. 根据纪律处分条例，职工违规违纪违反处理实施细则，同级监督执纪第一种形态实施细则（D），开展责任追究工作。
风险控制后评价	风险值：2（频率P×程度 S=1×2）　风险等级：低风险

流程控制

工作流程	工作标准
启动招聘工作	根据集团批复的年度用工计划，结合招聘所属单位人员配置实际，组织人事部就面向社会或集团公司系统内公开招聘事宜征求分管领导及相关领导意见，明确招聘岗位、人数及任职要求，启动公开招聘工作。(A.13, C)
编制招聘方案	根据确定的招聘岗位、人数、任职条件要求等，编制招聘方案。(A.13, C)
招聘方案审批	主持召开党委会，认真落实民主集中制原则，客观公正地发表意见，研究招聘方案，上报集团公司审批。(A.13, C)
发布招聘公告	根据集团审批情况，在集团公司招聘系统中公开发布招聘公告。(A.13)
组织报名及资格审核	审查应聘人员信息，形成符合应聘条件的人员名单。(A.13, B, C)
组织测评考察	1. 根据实际需要，提议组成至少3人的测评组，测评组对应聘人员表现根据个人进行打分，汇总测评结果，初定拟录用人员名单。(A.13, C) 2. 必要时，提议进行笔试，笔试试卷分为A、B卷，笔试现场随机抽取。(A.13, C)
编制招聘结果议案	根据考试结果和考察了解情况，汇总形成拟录用人选形成初定名单，招聘工作结束后，编制招聘结果议案(A.13, C)
审议招聘结果议案	主持召开党委会，认真贯彻民主集中制，客观公正地表意见，研究审议拟录用人选名单。(A.13, C)
履行调入手续	1. 根据党委会研究结论，将拟录用名单上报集团公司审批。

续表

行权事项			员工招聘								
流程控制	工作流程	启动招聘工作	编制招聘方案	招聘方案审批	发布招聘公告	组织报名及资格审核	组织测评考察	编制招聘结果议案	审议招聘结果议案	履行调入手续
	工作标准						3.必要时,提议组成考察组,赴应聘人员所在单位查阅人事档案、实地走访、个别谈话等,全面了解各方面情况。(A.13,C)			2.根据集团公司意见,复函集团公司在来招聘进行人员系统公示,履行调入员工手续。(A.13)
责任控制	岗位名称	组织人事部主任	劳动组织岗	党委书记	劳动组织岗	劳动组织岗	组织人事部主任	劳动组织岗	党委书记	劳动组织岗
	岗位责任	1.对未按工作标准履行职权负直接责任。2.视情节轻重,给予第一种形态处理或纪律处分。(D)	1.对未按工作标准履行职权负直接责任。2.视情节轻重,给予第一种形态处理或纪律处分。(D)	1.对未按工作标准履行职权负直接责任。2.视情节轻重,给予第一种形态处理。(D)	1.对未按工作标准履行职权负直接责任。2.视情节轻重,给予第一种形态处理。(D)	1.对未按工作标准履行职权负直接责任。2.视情节轻重,给予第一种形态处理。(D)	1.对未按工作标准履行职权负直接责任。2.视情节轻重,给予第一种形态处理。(D)	1.对未按工作标准履行职权负直接责任。2.视情节轻重,给予第一种形态处理。(D)	1.对未按工作标准履行职权负直接责任。2.视情节轻重,给予第一种形态处理。(D)	1.对未按工作标准履行职权负直接责任。2.视情节轻重,给予第一种形态处理。(D)

★员工调动案例

（一）廉政风险

在公司内部跨单位员工调动过程中，违反工作程序发生违规调动等情况。

（二）责任人员履职要求

1.熟知《国能黄骅港务公司员工招聘与调配管理办法》等相关制度，了解掌握公司内部跨单位员工调动的程序和要求。

2.参加组织人事专题培训，具有较高的业务工作水平和规避风险的能力。

（三）防控措施及工作标准

防控措施一：编制调动请示标准模板，规范员工调动请示。

工作标准：

1.劳动组织岗根据关于员工调动的相关制度规定，编制员工调动请示标准模板。

2.用人单位负责人或相关业务负责人根据本单位岗位配置需求及岗位说明书，编制跨单位员工调动请示，明确拟匹配岗位的名称及任职条件，说明拟调配人员是否胜任岗位要求。

3.用人单位集体决策机构成员集体研究审议跨单位员工调动请示，形成会议记录或纪要，启动员工调动工作程序。

防控措施二：跨单位员工调动执行 OA 线上审批和备案，出现相关情况及时向相应层级领导和组织报告。

工作标准：

1.用人单位分管领导结合用人单位人员配置实际和任职条件，审核员工调动请示。

2.拟调动人员所在单位负责人根据本单位人力资源配置实际，提出是否同意人员调出的意见。

3. 拟调动人员所在单位分管领导结合分管部门人力资源配置实际，提出是否同意人员调出的意见。

4. 组织人事部劳动组织岗综合调入调出单位及分管领导意见，结合用人单位人员配置及拟调配人员任职条件等情况，提出是否同意人选建议。

5. 组织人事部负责人统筹公司总体人力资源配置情况，提出是否同意人选建议。

6. 组织人事部分管领导综合调入调出单位及分管领导、组织人事部意见，审批人员调动事项。

7. 组织人事部劳动组织岗根据分管领导审批意见，履行人员调动手续。

（四）责任追究

责任人员未按工作标准履职行权的，视情节轻重，给予第一种形态处理或纪律处分。

行权事项		员工调动	
预先控制	廉政风险	在公司内部跨单位员工调动过程中，违反工作程序发生违规调动等情况。	
	风险控制前评价	风险值：18（频率 P×程度 S=3×6）	风险等级：重大风险
	风险控制措施	1. 制定《国能黄骅港务公司员工招聘与调配管理办法》（A），执行员工调动工作程序。 2. 规范员工调动请示，编制调动请示标准模板。（B） 3. 跨单位员工调动执行 OA 系统线上审批。（C） 4. 根据纪律处分条例、职工违规违纪处理实施细则、监督执纪第一种形态实施细则、同级监督工作办法等（D），开展责任追究工作。	
	风险控制后评价	风险值：2（频率 P×程度 S=1×2）	风险等级：低风险

行权事项	员工调动							
	工作流程	提出调动请示	审议调动请示	审核调动请示		审核调动请示		审批调动请示	履行调动手续
流程控制	工作标准	根据本单位岗位配置需求及岗位说明书，编制跨单位员工调动请示，明确拟匹配岗位的名称及任职条件，说明拟调配人员是否胜任岗位要求。（A.16，B）	根据实际需要，研究审议跨单位员工调动请示，形成会议记录或纪要，启动调动工作流程。（B）	结合分管部门人员配置实际和任职条件，审核员工调入请示。（A.16，C）	根据本单位人力资源配置实际，提出是否同意人员调出的意见。（A.16，C）	综合调入调出单位及分管领导意见，结合用人单位人员配置及拟调配人员任职条件等情况，提出是否同意人选建议。（A.16，C）	统筹公司总体人力资源配置情况，提出是否同意人选建议。（A.16，C）	综合调入调出单位及分管领导、组织人事部意见，审批人员调动事项。（A.16，C）	根据分管领导审批意见，履行人员调动手续。（A.16，C）
责任控制	岗位名称	相关业务负责人或用人单位负责人	用人单位负责人	用人单位分管领导	拟调动人员所在单位负责人	拟调动人员所在单位分管领导	组织人事部劳动组织岗	组织人事部负责人	组织人事部分管领导	组织人事部劳动组织岗
	岗位责任	1.对未按工作标准履职行权负直接责任。2.视情节轻重，给予第一种形态处理或纪律处分。（D）	1.对未按工作标准履职行权负直接责任。2.视情节轻重，给予第一种形态处理。（D）	1.对未按工作标准履职行权负直接责任。2.视情节轻重，给予第一种形态处理。（D）	1.对未按工作标准履职行权负直接责任。2.视情节轻重，给予第一种形态处理。（D）	1.对未按工作标准履职行权负直接责任。2.视情节轻重，给予第一种形态处理。（D）	1.对未按工作标准履职行权负直接责任。2.视情节轻重，给予第一种形态处理。（D）	1.对未按工作标准履职行权负直接责任。2.视情节轻重，给予第一种形态处理。（D）	1.对未按工作标准履职行权负直接责任。2.视情节轻重，给予第一种形态处理。（D）

★中层干部选拔任用案例

（一）廉政风险

未严格执行干部选拔任用程序，超职数配备、超机构规格提拔任用干部，任人唯亲、临时动议决定或突击提拔调整干部等。

（二）责任人员履职要求

1. 熟知《党委（党组）讨论决定干部任免事项守则》、《干部选拔任用工作监督检查和责任追究办法》、《国家能源投资集团有限责任公司规范二级单位干部选拔任用工作暂行办法》、《国能黄骅港务公司中层管理人员管理办法》等相关制度，了解掌握干部选拔任用程序和要求。

2. 参加组织人事专题培训，具有较高的业务工作水平和规避风险的能力。

（三）防控措施及工作标准

防控措施一：落实选拔任用工作报告和备案制度，出现相关情况及时向相应层级领导和组织报告。

工作标准：

1. 组织人事部主任和干部管理岗结合干部队伍结构、空岗情况和有关方面建议，就职位、条件、范围、方式、程序等提出工作建议。将初步建议向公司党委主要领导报告，并在公司人事工作领导小组范围内酝酿，形成一致意见后再征求其他班子成员意见。

2. 组织人事部组织成立干部考察组，考察组根据工作方案开展民主推荐和考察，并将民主推荐结果和考察情况向公司党委主要领导报告。干部管理岗起草专题议案，组织人事部主任审核后提请公司党委会审议研究。

3. 涉及公司总助总师级人员以及人事、财务、纪检、审计部门正职的选拔任用，经公司党委会议研究审议后，由干部管理岗按程序向集团公司进行任前备案。除以上人员范围外，选拔任用其他中层干部，由干部管理岗按程序向集团公司履行任后备案程序。

4.涉及破格、越级提拔干部等须向上级单位任前报告的情形，在提出工作方案后，由干部管理岗按程序向集团公司进行任前报告。集团公司未答复或者未同意的人选不得提交公司党委会讨论决定。

防控措施二：建立选人用人工作纪实机制，按时整理归档过程资料，专人负责，专柜保存。

工作标准：

1.干部管理岗对干部选拔任用各个环节（提出工作方案、确定考察对象、考察或背景调查、集体讨论决定、依法依规任职）进行全程详细纪实。

2.选拔任用工作结束后，干部管理岗对选拔任用过程中形成的重要原始材料（民主推荐票、民主推荐信息汇总表、考察谈话记录表等）进行汇总整理并专柜保存。

3.全程纪实材料和重要原始材料存入专用保密柜，保密柜设置密码。

（四）责任追究

责任人员未按工作标准履职行权的，视情节轻重，给予第一种形态处理或纪律处分。

行权事项		中层干部选拔任用	
预先控制	廉政风险	未严格执行干部选拔任用程序，超职数配备、超机构规格提拔任用干部，任人唯亲、临时动议决定或突击提拔调整干部等。	
	风险控制前评价	风险值：18 （频率 P×程度 S=3×6）	风险等级：重大风险
	风险控制措施	1.制定《国能黄骅港务公司中层管理人员管理办法》（A），执行干部选拔任用流程。 2.建立选人用人工作纪实机制，按时归档过程资料，专人负责，专柜保存。（B） 3.根据纪律处分条例、职工违规违纪处理实施细则、监督执纪第一种形态实施细则、同级监督工作办法等（C），开展责任追究工作。	
	风险控制后评价	风险值：2 （频率 P×程度 S=1×2）	风险等级：低风险

行权事项		中层干部选拔任用				
流程控制	工作流程	提出工作方案	确定考察对象	考察	集体讨论决定	依法依规任职
	工作标准	1.公司党委或组织人事部根据工作需要和干部队伍实际,提出启动中层干部选拔任用工作意见。组织人事部结合干部队伍结构、空岗情况和有关方面建议,就中层干部选拔任用职位、条件、范围、方式、程序等提出初步建议。从严控制职数、坚持用人标准、严格审核任职资格、严格执行"五个不准"。(A.16,B) 2.向公司党委主要领导报告初步建议后,在人事工作领导小组范围内酝酿。形成一致意见后,再征求其他班子成员意见,形成工作方案。(A.16,B) 3.根据工作方案,成立干部考察组。	综合考虑人选的考核评价、一贯表现、人岗相适等情况,结合民主推荐(会议推荐和个别谈话推荐)具体情况,经研究,确定考察对象。(A.17,B)	发布干部考察预告,通过个别谈话,征求纪检和信访管理部门意见,审核人事档案等方式,全面了解拟任干部,并形成考察报告,报公司党委主要领导审核。(A.18,B)	主持召开党委会,根据组织考察情况,集体研究决定。党委成员必须有三分之二以上到会,与会成员在充分讨论的基础上进行表决,以应到会成员超过半数同意形成决定。会议讨论的人选,凡涉及与会人员本人及其近亲属的,本人必须回避。(A.19,B)	1.根据党委会研究结论,发布任前公示,公示期5个工作日。其中,需要向集团任前备案的,在集团审批同意后,方可进行任前公示。 2.根据公示情况,履行任前谈话、印发任免文件、任职宣布等程序,做好纪实和材料整理归档。(A.21,B)
责任控制	岗位名称	组织人事部主任、干部管理岗	干部考察组组长	干部考察组组长	党委书记	干部管理岗
	岗位责任	1.对未按工作标准履职行权负直接责任。 2.视情节轻重,给予第一种形态处理或给予纪律处分。(C)	1.对未按工作标准履职行权负直接责任。 2.视情节轻重,给予第一种形态处理或给予纪律处分。(C)	1.对未按工作标准履职行权负直接责任。 2.视情节轻重,给予第一种形态处理或给予纪律处分。(C)	1.对未按工作标准履职行权负直接责任。 2.视情节轻重,给予第一种形态处理或报上级给予纪律处分。(C)	1.对未按工作标准履职行权负直接责任。 2.视情节轻重,给予第一种形态处理。(C)

★人事档案管理案例

（一）廉政风险

在干部人事档案审核工作中，未如实审核人事档案或篡改档案信息，影响选人用人工作。

（二）责任人员履职要求

1. 熟知《干部人事档案工作条例》和《国能黄骅港务公司干部人事档案管理办法》等相关政策制度，了解掌握干部任免工作中对人事档案审核工作的程序及要求。

2. 参加干部人事档案专题培训，具有较高的业务工作水平和规避风险的能力。

（三）防控措施及工作标准

防控措施：建立人事档案专审工作机制，严格落实初审、复审双签字工作制度，对于重要信息记载不一致的或缺少重要资料的，根据不同情况进行调查核实、组织认定。

工作标准：

1. 按照集团公司专项审核工作要求和干部选拔任用工作需要进行档案审核工作。由组织人事部指定一人担任初审人进行初审，由组织人事部指定一人担任专审负责人进行复审。重点审核"三龄二历"是否真实准确，档案资料是否齐全完整，是否存在弄虚作假行为等问题。

2. 对于重要信息记载不一致的或缺少重要资料的人事档案，初审人、专审负责人如实做好登记。专审负责人反馈当事人查找补充相关材料，并对补充的材料进行认真鉴别、调查核实。

3. 对干部人事档案审核中发现的重要疑难问题，组织人事部及相关决策机构进行集体研究，结合档案材料、补充材料等，综合研判进行组织认定。

4. 在人事档案审核过程中，初审人、专审负责人填写《干部人事档案专项审核审批表》，并签字确认。对经过组织认定的，初审人、专审负责人填写《干部人事档案专项审核认定表》，并签字确认。通知当事人确认专审表信息并签字。

（四）责任追究

责任人员未按工作标准履职行权的，视情节轻重，给予第一种形态处理或纪律处分。

行权事项	人事档案管理				
预先控制	廉政风险	在干部人事档案审核工作中，未按要求进行人事档案审核或篡改档案信息，影响选人用人工作。			
	风险控制前评价	风险值：16（频率 P×程度 S=4×4）		风险等级：中等风险	
	风险控制措施	1.制定《国能黄骅港务公司干部人事档案管理办法》（A），开展档案审核工作。 2.安排专人负责人事档案管理工作。（B） 3.严格落实当事人签字确认和初审、复审双重审核签字机制。（C） 4.对补充材料和重要疑难问题进行调查核实和组织认定。（D） 5.根据纪律处分条例、职工违规违纪处理实施细则、监督执纪第一种形态实施细则、同级监督工作办法等（E），开展责任追究工作。			
	风险控制后评价	风险值：2（频率 P×程度 S=1×2）		风险等级：低风险	
流程控制	工作流程	人事档案初审	人事档案复审	调查核实	组织认定	形成专项审核表
	工作标准	1.根据档案审核要求，安排专人开展档案审核，重点审核"三龄二历"是否真实准确，是否存在弄虚作假的行为。（A.27，B） 2.对重要信息记载不一致的人事档案做好登记。（A.27、28）	1.根据档案审核要求，重点审核"三龄二历"是否真实准确，是否存在弄虚作假行为。（A.27，C） 2.对重要信息记载不一致的人事档案做好登记，并进行复核。（A.27、28，C）	1.对重要信息记载不一致的人事档案，反馈当事人，督促其按要求补充相关材料。（A.28） 2.对补充材料进行认真鉴别，调查核实。（A.28，D）	1.对重要疑难问题，结合档案材料、补充材料，进行集体研究、综合研判。（A.28，D） 2.根据审核办法，确定认定依据，按照干部管理权限，进行组织认定。（A.28）	1.填写《干部人事档案专项审核审批表》《干部人事档案专项审核认定表》，初审人、专审负责人签字。（A.28，C） 2.通知当事人确认专审表信息并签字。（A.28，C）

续表

行权事项		人事档案管理				
	岗位名称	初审人	专审负责人	专审负责人	组织人事部主任	初审人、专审负责人
责任控制	岗位责任	1. 对未按工作标准履职行权负直接责任。 2. 视情节轻重，给予第一种形态处理或给予纪律处分。（E）	1. 对未按工作标准履职行权负直接责任。 2. 视情节轻重，给予第一种形态处理或给予纪律处分。（E）	1. 对未按工作标准履职行权负直接责任。 2. 视情节轻重，给予第一种形态处理或给予纪律处分。（E）	1. 对未按工作标准履职行权负直接责任。 2. 视情节轻重，给予第一种形态处理。（E）	1. 对未按工作标准履职行权负直接责任。 2. 视情节轻重，给予第一种形态处理。（E）

★上会议案及流程管理案例

（一）廉政风险

提请决策会议的议案起草不规范、不完整，对相关钩稽关系和风险分析不到位，对议案可能面临的风险缺乏有效应对，导致决策失误。

（二）责任人员履职要求

1. 熟知《国能黄骅港务公司党委议事规则》、《国能黄骅港务公司决策管理办法》、《国能黄骅港务公司贯彻落实"三重一大"决策制度实施办法》等相关制度。

2. 参加安全保密教育培训，签订个人保密承诺书，具有较高的安全保密责任意识。

（三）防控措施及工作标准

防控措施一：规范议案提报流程和提报模板，提升上会议案规范性。

工作标准：

1. 党委会议案起草人，结合议案性质，根据公司《内部授权管理手册》规定，并按照《党委议事规则》模板要求起草《××部门关于××的汇报》。

2. 总经理常务会、采购与招标领导小组会议案起草人，根据公司《内部授权管理手册》规定，并按照《决策管理办法》模板要求起草《××部门关于××的议案》。

3. "三重一大"议案起草人根据公司《内部授权管理手册》、《贯彻落实"三重一大"决策制度实施办法》规定，进行专门申报。

防控措施二：实施议案审议过程会签机制，增加议案格式审查、会签必要性审查、议案驳回等环节，推动议案起草部门、相关责任部门等进行把关。

工作标准：

1. 对于非涉密议案，议案起草人通过 OA 系统公文模块·请示报告环节，启动 OA 议案起草上报工作。按照议案性质，提请关联部门进行会签。议案起草部门负责人审核议案。

2. 议案会签部门负责人组织相关业务主管审核议案，提出意见。议案起草部门接收会签意见，议案起草人结合会签意见修订议案。

3. 对于涉密议案，议案起草人按照规范流程，履行纸质签批手续，报部门负责人、分管领导、党委书记审核。

防控措施三：实行议案格式及流程的把关和复核。

工作标准：

1. 会议承办人对议案起草是否按照议案模板格式进行审核。

2. 会议承办人根据议案性质，对议案流转合规性进行审核，对于格式不规范、缺少会签环节等的议案，按照实际给予驳回或重新执行会签处理。

3. 会议承办人对议案上会审议情况进行记录和反馈，对议案审议结果执行落实情况进行跟踪。

（四）责任追究

责任人员未按工作标准履职行权的，视情节轻重，给予第一种形态处理或纪律处分。

行权事项	上会议案及流程管理			
预先控制	廉政风险	提请决策会议的议案起草不规范、不完整，对相关钩稽关系和风险分析不到位，对可能面临的风险缺乏有效应对，导致决策失误。		
	风险控制前评价	风险值：20（频率 P×程度 S=4×5）		风险等级：重大风险
	风险控制措施	1. 制定《国能黄骅港务公司党委议事规则》、《国能黄骅港务公司决策管理办法》、《国能黄骅港务公司贯彻落实"三重一大"决策制度实施办法》（A）等，明确议案起草人、起草部门及流转部门的职责。 2. 实施议案审议过程会签机制。（B） 3. 实施上会议案审议结果落实情况月度跟踪机制。（C） 4. 根据纪律处分条例、职工违规违纪处理实施细则、监督执纪第一种形态实施细则等（D），开展责任追究工作。		
	风险控制后评价	风险值：2（频率 P×程度 S=1×2）		风险等级：低风险
流程控制	工作流程	起草提报议案	议案会签	议案流转	议案跟踪
	工作标准	1. 学习掌握《党委议事规则》、《决策管理办法》、《"三重一大"决策制度实施办法》等相关制度要求。（A） 2. 根据相关制度要求，按照议案模板格式，起草议案。（A） 3. 通过 OA 系统公文模块·请示报告环节，启动 OA 议案起草上报工作。按照议案性质，提前关联部门进行会签。（B） 4. 部门负责人审核议案的规范性、完整性。（B） 5. 涉密议案履行纸质签批手续，报部门负责人、分管领导、党委书记审批。（A）	1. 议案会签部门负责人组织相关业务主管审核议案，提出意见。（B） 2. 议案起草人接收会签意见，修订议案，提请会签部门审核。（B）	1. 对议案起草是否按照议案模板格式进行审核。（A） 2. 根据议案性质，对议案流转合规性进行审核。（A） 3. 对议案上会审议情况进行记录和反馈。	对议案审议结果执行落实情况进行跟踪。（C）
责任控制	岗位名称	议案起草人、部门负责人	会签部门负责人、议案起草人	会议承办人	会议承办人
	岗位责任	1. 对未按工作标准履职行权负直接责任。 2. 视情节轻重，给予第一种形态处理或纪律处分。（D）	1. 对未按工作标准履职行权负直接责任。 2. 视情节轻重，给予第一种形态处理。（D）	1. 对未按工作标准履职行权负直接责任。 2. 视情节轻重，给予第一种形态处理。（D）	1. 对未按工作标准履职行权负直接责任。 2. 视情节轻重，给予第一种形态处理。（D）

★会议决策记录及归档管理案例

（一）廉政风险

私自传播、篡改会议决策记录，为个人或他人谋取利益。会议决策记录归档管理不规范，造成泄密。

（二）责任人员履职要求

1. 熟知《国能黄骅港务公司党委议事规则》、《国能黄骅港务公司决策管理办法》、《国能黄骅港务公司贯彻落实"三重一大"决策制度实施办法》等相关制度。

2. 参加安全保密教育培训，签订个人保密承诺书，具有较高的安全保密责任意识。

（三）防控措施及工作标准

防控措施一：实施两人同步负责会议决策记录，并进行全程录音。

工作标准：

1. 会议承办人严控参会人员范围，除决策人员、议案汇报人员、会议记录人员外，其他人员不能进入会场，会议记录人完整记录当期会议列席人员。

2. 会议记录人记录会议议题及回避人员，严格执行回避规定。

3. 会议记录人在会议记录本上真实准确地记录议题及参与决策人员的意见建议，并进行全程录音。

4. 组会部门负责人同步记录会议内容，与会议记录人的记录相互印证、核对，如实反映会议信息。

防控措施二：实施议案及会议决策记录原件归档机制。

1. 会议承办人会前将议案上传至会议系统或将涉密的纸质议案发送给决策人员，会后将议案及时归档。

2. 会议记录人整理会议记录本原件资料、会议录音后及时送交公司档案室归档。

（四）责任追究

责任人员未按工作标准履职行权的，视情节轻重，给予第一种形态处理或纪律处分。

<table>
<tr><td>行权事项</td><td colspan="5">会议决策记录及归档管理</td></tr>
<tr><td rowspan="4">预先控制</td><td>廉政风险</td><td colspan="4">私自传播、篡改会议决策记录，为个人或他人谋取利益。会议决策记录归档管理不规范，造成泄密。</td></tr>
<tr><td>风险控制前评价</td><td colspan="2">风险值：20（频率 P×程度 S=5×4）</td><td colspan="2">风险等级：重大风险</td></tr>
<tr><td>风险控制措施</td><td colspan="4">1. 制定《国能黄骅港务公司党委议事规则》《国能黄骅港务公司决策管理办法》，明确会议决策记录、归档工作要求。（A）
2. 实施专人负责会议决策记录、归档机制。（B）
3. 实施 OA 系统管控，及时接受备查。（C）
4. 根据纪律处分条例、职工违规违纪处理实施细则、监督执纪第一种形态实施细则等（D），开展责任追究工作。</td></tr>
<tr><td>风险控制后评价</td><td colspan="2">风险值：2（频率 P×程度 S=1×2）</td><td colspan="2">风险等级：低风险</td></tr>
<tr><td rowspan="2">流程控制</td><td>工作流程</td><td>组织会议</td><td>会议决策记录</td><td>会议纪要印发</td><td>会议决策记录归档</td></tr>
<tr><td>工作标准</td><td>1. 熟知保密工作管理规定。（A）
2. 决策议案经 OA 议案系统审批后，将议案上传至会议系统。（A）
3. 涉密议案履行纸质签批手续后，向决策人员发送纸质议案。（A）
4. 严控参会人员范围，除决策人员、议案汇报人员、会议记录人员外，其他人员不能进入会场。</td><td>1. 熟知保密工作管理规定。（A）
2. 在会议记录本上真实准确地记录议题及参与决策人员的意见建议，并进行全程录音。（B）
3. 严格执行回避规定，记录会议议题及回避人员。（A）
4. 组会部门负责人同步记录会议内容，相互印证、核对，如实反映会议信息。（B）</td><td>1. 熟知保密工作管理规定（A）。
2. 撰写会议纪要，与议案起草单位进行核实，提交组会部门负责人审核，确认纪要内容。（C）
3. 起草并印发会议纪要。（C）</td><td>1. 熟知保密工作管理规定。（A）
2. 会后将议案及时归档。
3. 会议记录人整理会议决策记录本原件资料、会议录音后及时送交公司档案室归档。（C）</td></tr>
</table>

续表

行权事项	会议决策记录及归档管理			
	岗位名称	会议承办人	组会部门负责人、会议记录人	会议记录人	会议记录人
责任控制	岗位责任	1.对未按工作标准履职行权负直接责任。 2.视情节轻重,给予第一种形态处理或纪律处分。(D)	1.对未按工作标准履职行权负直接责任。 2.视情节轻重,给予第一种形态处理或纪律处分。(D)	1.对未按工作标准履职行权负直接责任。 2.视情节轻重,给予第一种形态处理。(D)	1.对未按工作标准履职行权负直接责任。 2.视情节轻重,给予第一种形态处理或纪律处分。(D)

★保密管理案例

(一)廉政风险

涉密定密不准确或自行扩大事项知悉范围,涉密载体使用管理不当,出现失泄密情况,损害公司安全利益,造成不良影响。

(二)责任人员履职要求

1.熟知《国能黄骅港务公司保密工作管理办法》等相关制度,了解掌握保密工作职责和保密管理规定。

2.参加安全保密教育培训,签订个人保密承诺书,具有较高的安全保密责任意识。

(三)防控措施及工作标准

防控措施一:实行专人专管,制定涉密事件定密条件,根据工作实际需要,控制涉密事件知悉及管理范围。

工作标准:

1.涉密事项定密须由产生该事项的业务单位拟定,报公司分管领导审批,保密办公室备案。定密承办人在确定密级的同时,限定保密期限、知悉范围、解密条件等。

2.定密承办人提出变更或解除意见,提交所在单位定密审核人、定密责任人审批。

3.定密承办人将涉密事项变更（解除）审批表交保密办公室备案，并在做出涉密事项变更或解除决定后，书面通知知悉范围内的单位和人员。

防控措施二：对涉密载体实行全流程闭环管理，专人负责涉密载体的保管存放。

工作标准：

1.涉密载体承办部门的公文管理员按照涉密载体管理要求，履行涉密载体登记、签收、传阅、回收工作程序，组织填写文件传阅笺、文件承办笺，写明送达时间、返回时间、批办及承办意见。

2.涉密载体由保密管理员保管，将涉密载体存放在符合国家标准的密码文件柜内。

防控措施三：每年组织两次保密自查和一次保密检查考评工作，对涉密隐患提前防范整改。

工作标准：

1.各部门保密管理员针对保密管理工作每半年进行一次自查自评。

2.由公司保密检查组每年开展一次保密检查考评工作。

（四）责任追究

责任人员未按工作标准履职行权的，视情节轻重，给予第一种形态处理或纪律处分。

行权事项	保密管理		
预先控制	廉政风险	涉密定密不准确或自行扩大事项知悉范围，涉密载体使用管理不当，出现失泄密情况，损害公司安全利益，造成不良影响。		
	风险控制前评价	风险值：20（频率 P×程度 S=5×4）	风险等级：重大风险	
	风险控制措施	1. 制定《国能黄骅港务公司保密工作管理办法》（A），按照工作密级（A.9），做好保密工作的管控。2. 实行涉密载体全过程闭环管理。3. 组织保密自查自评、检查考评工作。（B）4. 根据纪律处分条例、职工违规违纪处理实施细则、监督执纪第一种形态实施细则等（C），开展责任追究工作。		
	风险控制后评价	风险值：2（频率 P×程度 S=1×2）	风险等级：低风险	
流程控制	工作流程	涉密事项定密、变更、解除	涉密载体管控	保密自查及检查
	工作标准	1. 熟知公司保密工作管理规定。（A）2. 涉密事项定密由产生该事项的业务单位拟定，报公司分管领导审批，保密办公室备案。定密承办人在确定密级的同时，限定保密期限、知悉范围、解密条件等。（A.12）3. 定密承办人提出变更或解除意见，提交所在单位定密审核人、定密责任人审批。4. 及时将涉密事项变更（解除）审批表交保密办公室备案，并在做出涉密事项变更或解除决定后，书面通知悉范围内的单位和人员。（A.23）	1. 熟知公司保密工作管理规定。（A）2. 涉密载体承办部门的公文管理员按照涉密载体管理要求，履行涉密载体登记、签收、传阅、回收工作程序，组织填写文件传阅笺、文件承办笺，写明送达时间、返回时间、批办及承办意见。（A.30）3. 涉密载体由保密管理员保管，确保涉密载体存放在符合国家标准的密码文件柜内。（A.30）	1. 熟知公司保密工作管理规定。（A）2. 各部门针对保密管理工作每半年进行一次自查自评。（A.41，B）3. 公司保密检查组每年开展一次保密检查考评工作。（A.41，B）
责任控制	岗位名称	定密承办人	各部门公文管理员、保密管理员	各部门保密管理员、检查组长
	岗位责任	1. 对未按工作标准履职行权负直接责任。2. 视情节轻重，给予第一种形态处理或纪律处分（C）。	1. 对未按工作标准履职行权负直接责任。2. 视情节轻重，给予第一种形态处理或纪律处分。（C）	1. 对未按工作标准履职行权负直接责任。2. 视情节轻重，给予第一种形态处理或纪律处分。（C）

★合同执行案例

（一）廉政风险

未严格依据合同约定履行我方合同义务或未监督相对方严格执行合同义务，被相对方追究违约责任或致使合同目的无法实现，导致公司利益受损。

（二）责任人员履职要求

1. 熟知《中华人民共和国民法典》、《中华人民共和国招标投标法》等法律法规，了解掌握合同具备法律生效的条件。

2. 熟知《国能黄骅港务公司合同管理办法》等相关制度，了解掌握合同承办人责任、合同管理员开展监督检查的规定。

（三）防控措施及工作标准

防控措施一：执行合同准入审查机制。

工作标准：

合同承办人在合同生效后正式入场前，组织相对方召开合同准入审查会，形成会议纪要并留存相关审查资料，合同承办部门负责人进行复核。审查事项包括：

（1）审查合同具备履行实质条件、凭证齐全、真实有效；

（2）审查相对方办理人员有授权，相对方项目管理机构关键管理人员与投标文件一致；

（3）审查与合同履行相关的安全、治安、环保要求，督促相对方做好入场前的安全、治安及环保工作；

（4）审查相对方分包申请，允许分包的，审查分包商资质、范围符合合同约定。

防控措施二：执行相对方履约监督机制。

工作标准：

合同承办人开展过程履约监督，并留存监督资料，合同承办部门负责人进行复核。履约监督事项包括：

（1）监督相对方转包、违法分包等违法行为；

（2）督促相对方按约定期限履行，履约迟延的，协商确认延期；

（3）按约履行节点验收和竣工验收，审查合同成果符合性，确保履行过程和成果符合合同约定；

（4）按照合同约定和验收结论，办理合同款结算和收付；

（5）合同履行中发生实质性内容变更的，严格按照合同变更要求，履行变更手续。

防控措施三：遵守合同约定义务。

工作标准：

合同承办人遵守合同约定义务，并留存履约资料，合同承办部门负责人进行复核。履约资料包括：

（1）按照约定时限提供履行合同的便利条件；

（2）按照约定时限组织开展合同标的验收；

（3）按照约定时限办理合同结算付款手续，避免延期违约责任。

防控措施四：执行资金收付审核机制。

工作标准：

1.财务部主管会计审核合同承办人结算收付申请，严格审查合同承办部门结算收支手续的合规性。

2.加强合同履行有关资金往来账务管理，保证合同结算数据一致。

防控措施五：开展合同执行监督检查。

工作标准：

1.企业管理与法律事务部合同管理员根据合同检查清单，每年至少组织两次合同履行情况检查，对合同履行的总体情况和重大合同履行的具体情况进行分析评估。

2. 以通报形式将检查结果反馈各合同承办部门，督促针对检查发现的问题制定整改措施。

（四）责任追究

责任人员未按工作标准履职行权的，视情节轻重，给予第一种形态处理或纪律处分。

行权事项		合同执行	
预先控制	廉政风险	未严格依据合同约定履行我方合同义务或未监督相对方严格执行合同义务，被相对方追究违约责任或致使合同目的无法实现，导致公司利益受损。	
	风险控制前评价	风险值：24 （频率 P×程度 S=4×6）	风险等级：重大风险
	风险控制措施	1. 依据《中华人民共和国民法典》（A）、《中华人民共和国招标投标法》（B）等法律法规，合同应按照法律规定具备法律生效条件。 2. 制定《国能黄骅港务公司合同管理办法》（C），确立合同承办负责制，按照"谁承办、谁负责"原则，由合同承办人全权负责合同履行。 3. 每年开展合同履行情况监督，重点督查合同承办部门合同履约合规性。 4. 根据纪律处分条例、职工违规违纪处理实施细则、监督执纪第一种形态实施细则、同级监督工作办法等（D），开展责任追究工作。	
	风险控制后评价	风险值：2 （频率 P×程度 S=1×2）	风险等级：低风险

续表

行权事项	合同执行				
	工作流程	合同准入审查	合同履约监督	遵守约定义务	资金收支	监督检查
流程控制	工作标准	1.审查合同具备履行实质条件、凭证齐全、真实有效。(C.16) 2.审查相对方办理人员有授权,相对方项目管理机构关键管理人员与投标文件一致。(A.165,B.46) 3.审查与合同履行相关的安全、治安、环保要求,督促相对方做好入场前的安全、治安及环保工作。(C.21) 4.审查相对方分包申请,允许分包的,审查分包商资质、范围符合合同约定。(C.23)	合同承办人加强过程履约监督(C.53): 1.监督相对方转包、违法分包等违法行为; 2.督促相对方按约定期限履行,履约迟延的,协商确认延期; 3.按约履行节点验收和竣工验收,审查合同成果符合性,确保履行过程和成果符合合同约定; 4.按照合同约定和验收结论,办理合同款结算和收付; 5.合同履行中发生实质性内容变更的,严格按照合同变更要求,履行变更手续。	1.按照约定时限提供履行合同的便利条件。 2.按照约定时限组织开展合同标的的验收。(C.31) 3.按照约定时限办理合同结算付款手续,避免延期违约责任。(C.54)	1.根据承办人结算收支申请,严格审查合同承办部门结算收支手续的合规性。(C.57) 2.加强合同履行有关资金往来账务管理,保证合同结算数据一致。(C.57)	1.每年开展合同履行情况评估,对合同履行的总体情况和重大合同履行的具体情况进行分析评估,对发现合同履行中存在的不足进行督促改进。(C.85) 2.每年至少组织两次抽查部门合同管理台账,持续监督各部门的合同履行情况。(C.85) 3.以通报形式将检查结果反馈各合同承办部门,督促针对检查发现的问题制定整改措施。(C.85)
	岗位名称	合同承办人	合同承办人	合同承办人	财务部主管会计	企业管理与法律事务部合同管理员
责任控制	岗位责任	1.对未按工作标准履职行权负直接责任。 2.视情节轻重,给予第一种形态处理或纪律处分。(D)	1.对未按工作标准履职行权负直接责任。 2.视情节轻重,给予第一种形态处理或纪律处分。(D)	1.对未按工作标准履职行权负直接责任。 2.视情节轻重,给予第一种形态处理或纪律处分。(D)	1.对未按工作标准履职行权负直接责任。 2.视情节轻重,给予第一种形态处理或纪律处分。(D)	1.对未按工作标准履职行权负直接责任。 2.视情节轻重,给予第一种形态处理。(D)

★绩效考核核算案例

（一）廉政风险

提报考核数据失真、数据准确性审核不严、核算成绩弄虚作假，造成考核考评工作出现偏差，为个人或他人谋取利益。

（二）责任人员履职要求

1. 熟知《国能黄骅港务公司组织绩效考核管理办法》等相关制度，了解掌握组织绩效考核相关管理规定和绩效考核管理工作职责。

2. 参加企业生态健康管理平台培训，掌握平台使用方法。

（三）防控措施及工作标准

防控措施一：执行考核数据真实性多层级审核机制。

工作标准：

1. 根据年初制定的组织绩效考核方案，各业务管理部门数据填报员在企业生态健康管理平台中按照指标和任务分类考核要求，填报指标类数据及任务类完成情况，并报送任务类完成情况证明材料。

2. 业务部门负责人审核部门所辖业务范围内年度及月度考核填报数据的准确性及相关证明材料的真实性。

3. 企业管理与法律事务部组织绩效管理岗审核业务部门填报的任务完成情况与指标数据的真实性。

4. 企业管理与法律事务部经理审核任务完成情况与指标数据真实性。

防控措施二：应用信息化系统内置审核流程、计分规则，确保审核流程完整，排除人工计算错误。

工作标准：

1. 组织绩效管理岗每年年初将考核指标、计分规则录入企业生态健康管理平台，并下发执行。

2. 考核周期结束后，企业生态健康管理平台根据指标数据自动计算生成指标类考核结果。组织绩效管理岗审核任务类完成情况证明资料，判定该考核任务是否完成，未完成的根据任务类预先设定的风险等级，计算考核分数。

防控措施三：执行绩效考核成绩审查机制。

工作标准：

1. 组织绩效管理岗通过企业生态健康管理平台按月汇总审核各部门提报的年度及月度任务完成情况及证明文件，核算月度、年度考核成绩，报企业管理与法律事务部经理审核。

2. 企业管理与法律事务部经理审核月度、年度考核成绩。

3. 党委书记组织召开党委会，贯彻民主集中制，班子成员发表意见，审议年度绩效考评成绩及考核评级结果。

4. 总经理组织召开总经理常务会，审批年度绩效考核成绩及考核评级结果。

（四）责任追究

责任人员未按工作标准履职行权的，视情节轻重，给予第一种形态处理或纪律处分。

绩效考核核算

行权事项		绩效考核核算
预先控制	廉政风险评价	提报考核数据失真、数据准确性审核不严，核算成绩弄虚作假，造成考核考评工作出现偏差，为个人或他人谋取利益。
	风险控制前评价	风险值：18（频率 P×程度 S=3×6）　风险等级：重大风险
	风险控制措施	1. 制定《国能黄骅港务公司组织绩效考核管理办法》（A），按照规定的考核流程和考核标准开展核算工作。 2. 绩效考核数据提报、成绩核算等工作通过企业生态健康管理平台上归档。（B） 3. 测评类线下考核资料实施归档管理。（C） 4. 实施部门、公司两级下级审核机制。 5. 根据纪律处分条例、职工违规违纪处理实施细则，监督执纪第一种形态实施细则，同级监督工作办法等（D），开展责任追究工作。
	风险控制后评价	风险值：2（频率 P×程度 S=1×2）　风险等级：低风险

	工作流程	审核提报数据	核算绩效成绩	审核绩效成绩	审议年度绩效成绩	审批年度绩效成绩
流程控制	工作标准	审核所辖港务部门的月度、年度考核填报数据的真实性。(A.6)	1. 通过企业生态健康管理平台按月汇总审核各部门提报的年度、月度考核成绩。(A.5, B) 2. 通过企业生态健康管理平台汇总各单位提报年度绩效考核成绩。(A.5, B) 3. 将核算毕的月度、年度绩效成绩，报部门门经理审核。(A.5) 4. 组织开展部门管理效能评价工作，汇总评价结果，报部门门经理管理审核。(A.5, C) 5. 起草部门及子分公司年度绩效考核成绩及考核评级结果的议案。(A.5)	1. 审核月度、年度绩效考核完成情况。 2. 审核部门管理效能评价结果。 3. 审核公司及子分公司年度绩效成绩及考核评级结果。(A.5)	主持召开党委会，贯彻民主集中制，客观公正地发表审议意见，审议前置年度绩效考核评级结果。(A.4)	主持召开总经理常务会，审批年度绩效考核成绩及绩效评级结果。(A.4)

绩效考核核算

行权事项	岗位名称	各部门数据填报员	各部门负责人	企业管理与法律事务部组织绩效管理岗	企业管理与法律事务部经理	党委书记	总经理
责任控制事项	岗位责任	1.对未按工作标准履职行权负直接责任。2.视情节轻重，给予第一种形态处理或纪律处分。(D)	1.对未按工作标准履职行权负直接责任。2.视情节轻重，给予第一种形态处理或纪律处分。(D)	1.对未按工作标准履职行权负直接责任。2.视情节轻重，给予第一种形态处理或纪律处分。(D)	1.对未按工作标准履职行权负直接责任。2.视情节轻重，给予第一种形态处理。(D)	1.对未按工作标准履职行权负直接责任。2.视情节轻重，给予第一种形态处理。(D)	1.对未按工作标准履职行权负直接责任。2.视情节轻重，给予第一种形态处理。(D)

★七项费用报销案例

（一）廉政风险

报销事项不真实、不准确，超标准、超范围支出费用，为个人或他人谋取利益。

（二）责任人员履职要求

熟知《国能黄骅港务公司七项费用管理办法》等相关制度，了解掌握七项费用标准和报销流程。

（三）防控措施及工作标准

防控措施一：执行费用使用事前审批和事后报销审核机制。

工作标准：

1. 经办人履行事前审批，确保业务事项的必要性、真实性、合规性。明确相关费用支出标准，确认是否在年度预算和月度资金计划内。

2. 经办人办理业务确保费用开支的必要性、真实性、合规性。业务办理结束后，经办人发起报销，登录财务管控平台上传发票查验真伪，根据业务事项选择对应的费用报销单据，填写无误后进行提报。

3. 业务部门负责人审核业务事项的事前审批，确认是否在年度预算和月度资金计划内。审核费用报销单据，确认报销标准、附件单据的合规性、真实性、完整性。

4. 财务部主管会计根据提报的费用单据，审核费用报销单据附件的合规性、真实性、完整性，待逐级审批结束后完成费用核算和资金结算。

防控措施二：通过财务管控平台和商旅平台，由事后报销核算穿透到业务前端进行管理控制，费用预算由预算管理平台直接推送、费用审批固化到管控平台，实现了预算管控、业财联动。

工作标准：

1. 财务部主管会计根据公司审议的年度预算额度下达到预算管理平

台，各部门业务经办人完成后发起报销时，选择业务对应的预算码。

2. 各部门员工外出参加公务活动时在商旅平台中填写出差审批单，经批准后在商旅平台中直接预订和本人职级出差标准相符的交通票和酒店。

（四）责任追究

责任人员未按工作标准履职行权的，视情节轻重，给予第一种形态处理或纪律处分。

行权事项	七项费用报销				
预先控制	廉政风险	报销事项不真实、不准确，超标准、超范围支出费用，为个人或他人谋取利益。			
	风险控制前评价	风险值：20（频率P×程度S＝4×5）			风险等级：重大风险
	风险控制措施	1. 制定《国能黄骅港务公司七项费用管理办法》（A）、《国能黄骅港务公司全面预算管理办法》（B），明确七项费用报销标准及审批流程。 2. 根据授权管理，经部门经理、主管会计、财务经理、分管领导审核后报总会计师批准。 3. 根据纪律处分条例、职工违规违纪处理实施细则、监督执纪第一种形态实施细则等（C），开展责任追究工作。			
	风险控制后评价	风险值：2（频率P×程度S＝1×2）			风险等级：低风险
流程控制	工作流程	部门审核	主管会计审核	财务负责人审核	分管领导审核	总会计师审批
	工作标准	1. 履行业务事项的事前审批，确认预算和资金计划。（A.3、4、5，B） 2. 办理业务确保费用开支必要性、真实性、合规性。 3. 业务办理结束后发起报销，登录财务管控平台上传发票查验真伪，提报费用单据。 4. 审核业务事项的事前审批，确认预算和资金计划。（A.3、4、5，B） 5. 审核报销标准、附件单据合规性、真实性、完整性。	1. 审核费用报销所附单据的合规性、真实性、完整性。（A.3、4、5，B） 2. 审核费用报销的预算和资金计划。（B） 3. 审核费用报销是否符合制度标准。（A.3、4、5）	1. 审核费用报销合规性。（A.3、4、5，B） 2. 审核费用报销流程完整性。 3. 其他需要关注的事项。	1. 审核业务事项必要性、真实性。（A.3、4、5，B） 2. 审核费用报销流程完整性。 3. 其他需要关注的事项。	1. 审核费用报销合规性。（A.3、4、5，B） 2. 审核费用报销流程完整性。 3. 其他需要关注的事项。

续表

行权事项	七项费用报销					
	岗位名称	经办人、业务部门负责人	财务部主管会计	财务部经理	分管领导	总会计师
责任控制	岗位责任	1.对未按工作标准履职行权负直接责任。2.视情节轻重，给予第一种形态处理或纪律处分。（C）	1.对未按工作标准履职行权负直接责任。2.视情节轻重，给予第一种形态处理或纪律处分。（C）	1.对未按工作标准履职行权负直接责任。2.视情节轻重，给予第一种形态处理。（C）	1.对未按工作标准履职行权负直接责任。2.视情节轻重，给予第一种形态处理。（C）	1.对未按工作标准履职行权负直接责任。2.视情节轻重，给予第一种形态处理。（C）

★资金支出管理案例

（一）廉政风险

超越权限或者违反程序授权、批准资金支出，挪用公款供个人使用或者借贷给他人，资金体外循环私设"小金库"。

（二）责任人员履职要求

熟知《国能黄骅港务公司银行账户管理办法》、《国能黄骅港务公司货币资金管理办法》、《国能黄骅港务公司财务内部牵制管理办法》、《国能黄骅港务公司授权管理手册》等相关制度，了解掌握管资金管理、资金支付等相关规定。

（三）防控措施及工作标准

防控措施一：银行账户资金支付时执行二级复核。

工作标准：

1. 财务部出纳审核稽核凭证所附资金支付信息与合同约定资金支付信息是否一致；核对金额及收款账户信息无误后，发起付款单。

2. 资金一级复核员复核稽核凭证所附资金支付信息与合同约定资金支

付信息是否一致；复核金额及收款账户信息无误后，完成一级复核。

3. 银行账户资金支付金额超 20 万元，由资金二级复核员复核稽核凭证所附资金支付信息与合同约定资金支付信息是否一致；复核金额及收款账户信息无误后，完成二级复核。

防控措施二：实行银行账户资金收支短信提醒。

工作标准：

出纳、资金主管、财务部经理、总会计师均开通银行账户资金收支短信提醒功能，实时监控资金变动情况。

（四）责任追究

责任人员未按工作标准履职行权的，视情节轻重，给予第一种形态处理或纪律处分。

行权事项		资金支出管理	
预先控制	廉政风险	超越权限或者违反程序授权、批准资金支出，挪用公款供个人使用或者借贷给他人，资金体外循环私设"小金库"。	
	风险控制前评价	风险值：24（频率 P×程度 S=4×6）	风险等级：重大风险
	风险控制措施	1. 制定《国能黄骅港务公司财务内部牵制管理办法》（A）、《国能黄骅港务公司授权管理手册》（B），按照资金额度或付款类型，执行财务管理系统线上审批流程。 2. 制定《国能黄骅港务公司银行账户管理办法》（C）、《国能黄骅港务公司货币资金管理办法》（D），执行银行账户资金支付二级复核机制，在网银系统中设定二级复核额度。 3. 开通银行账户资金支付短信提醒。（E） 4. 根据纪律处分条例、职工违规违纪处理实施细则、监督执纪第一种形态实施细则等（F），开展责任追究工作。	
	风险控制后评价	风险值：2（频率 P×程度 S=1×2）	风险等级：低风险

行权事项		资金支出管理		
	工作流程	资金支付制单	资金支付一级复核	资金支付二级复核
流程控制	工作标准	1. 熟知掌握资金支付管理流程。（A，B，C，D） 2. 审核凭证稽核审批流程完整性。（D.16） 3. 审核稽核凭证所附资金支付信息与合同约定资金支付信息的一致性，如信息不一致予以驳回。（C） 4. 核对付款金额及收款账户信息无误后，在网银系统中发起付款单，或线下填写票据并加盖公司法人章。（D.23、24） 5. 接收公司银行账户支付短信，实时监控资金变动情况。（E）	1. 熟知掌握资金支付管理流程。（A，B，C，D） 2. 复核稽核凭证所附资金支付信息与合同约定资金支付信息的一致性，如信息不一致予以驳回。（C） 3. 复核付款金额及收款账户信息无误后，在网银系统中完成一级复核，或线下在票据上加盖公司财务专用章。（D.23、24） 4. 接收公司银行账户支付短信，实时监控资金变动情况。（E）	1. 熟知掌握资金支付管理流程。（A，B，C，D） 2. 接收系统自动流转的付款金额＞20万元的复核事项，复核稽核凭证所附资金支付信息与合同约定资金支付信息的一致性，如信息不一致予以驳回。（C） 3. 复核付款金额及收款账户信息无误后，在网银系统中完成二级复核，或线下审核已加盖预留印鉴的票据。（D.23、24） 4. 接收公司银行账户支付短信，实时监控资金变动情况。（E）
责任控制	岗位名称	财务部出纳	资金支付一级复核员	资金支付二级复核员
	岗位责任	1. 对未按工作标准履职行权负直接责任。 2. 视情节轻重，给予第一种形态处理或纪律处分。（F）	1. 对未按工作标准履职行权负直接责任。 2. 视情节轻重，给予第一种形态处理或纪律处分。（F）	1. 对未按工作标准履职行权负直接责任。 2. 视情节轻重，给予第一种形态处理或纪律处分。（F）

★新（扩）建项目投资决策案例

（一）廉政风险

投资方向不符合国家监管要求或集团战略、投资可行性研究深度不够、投资项目决策不够审慎，导致投资失败。

（二）责任人员履职要求

1. 熟知国家及集团公司关于项目投资相关政策规章，掌握国家监管要求及集团投资负面清单禁止类投资项目。

2. 熟知《国能黄骅港务公司投资管理办法》等有关制度，了解掌握新（扩）建项目立项、决策流程。

3. 了解掌握项目预可行性研究报告及可行性研究报告编制要求，具备审核报告的能力。

（三）防控措施及工作标准

防控措施一：委托有资质单位编制项目预可行性研究报告，严格论证投资方向，执行集团及公司立项审批流程。

工作标准：

1. 设计管理岗组织委托有资质单位编写项目预可行性研究报告。论证项目建设必要性，项目应符合集团公司发展战略及规划方向，满足集团公司投资收益要求。

2. 设计管理岗起草议案，规划发展部经理审核议案。采取"一事一议"，提交党委会前置审议、总经理常务会议审议投资项目单项投资在5000万元及以上的预可行性研究报告。审议通过后，设计管理岗报集团备案。

3. 单项投资10亿元及以上的项目，经公司审议后，提请集团公司审批。集团公司投资项目负面清单中的禁止类投资项目，一律不得投资。

4. 立项审批通过后，项目管理岗向政府主管部门提报开展项目前期工作（或列入规划）的请示。

5. 设计管理岗留存项目评审和审批意见、会议纪要。

防控措施二：委托有资质单位编制项目可行性研究报告和投资风险评估报告，开展投资可研与经济评价。

工作标准：

1. 设计管理岗组织委托有资质单位编写项目可行性研究报告和投资风险评估报告，投资收益率应满足投资项目判据参数一览表要求。

2.涉及环保、水保、岸线等项目，原则上须取得相关批复文件。

3.设计管理岗留存项目评审和审批意见、会议纪要。

防控措施三：委托专门机构评审项目可行性研究报告和投资风险评估报告，严格执行投资项目审批流程。

工作标准：

1.设计管理岗提请专家委员会对可行性研究报告和投资风险评估报告进行评审。

2.设计管理岗起草议案，规划发展部经理审核议案。采取"一事一议"，提交党委会前置审议、总经理常务会议审议可行性研究报告和投资风险评估报告。审议通过后，报集团审批。

3.设计管理岗留存项目评审和审批意见、会议纪要。

4.新（扩）建项目开展立项、投资决策阶段审批，设计管理岗、规划发展部经理、分管领导和主要领导均须签字背书。

（四）责任追究

责任人员未按工作标准履职行权的，视情节轻重，给予第一种形态处理或纪律处分。

行权事项		新（扩）建项目投资决策	
预先控制	廉政风险	投资方向不符合国家监管要求或集团战略、投资可行性研究深度不够、投资项目决策不够审慎，导致投资失败。	
	风险控制前评价	风险值：24（频率 P×程度 S＝4×6）	风险等级：重大风险
	风险控制措施	1.制定《国能黄骅港务公司投资管理办法》（A），履行项目立项、决策审批流程。 2.留存项目评审和审批意见、会议纪要等。（B） 3.根据纪律处分条例、职工违规违纪处理实施细则、监督执纪第一种形态实施细则、同级监督工作办法等（C），开展责任追究工作。	
	风险控制后评价	风险值：2（频率 P×程度 S＝1×2）	风险等级：低风险

续表

行权事项	新（扩）建项目投资决策				
	工作流程	论证投资方向		开展投资可研与经济评价	投资项目审批	
流程控制	工作标准	1. 组织委托有资质单位编写项目预可行性研究报告，报告应论证建设必要性，项目应符合集团公司发展战略及规划方向，满足集团公司投资收益要求。（A.7） 2. 规划发展部提议，提请公司总经理常务会审批（党委会前置审议）项目立项事项。 3. 立项审批通过后，向政府部门提报开展项目前期工作（或列入规划）的请示。 4. 留存项目评审和审批意见、会议纪要。（B）	1. 采取"一事一议"，主持召开党委会前置审议、总经理常务会议审议投资项目单项投资在5000万元及以上的预可行性研究报告。审议通过后，报集团备案。单项投资10亿元及以上的项目，经公司决策会议审议后，提请集团公司审批。集团公司投资项目负面清单中的禁止类投资项目，一律不得投资。（A.25）	1. 组织委托有资质单位编写项目可行性研究报告和投资风险评估报告。（A.26） 2. 涉及环保、水保、岸线等项目，原则上须取得相关批复文件。（A.26） 3. 留存项目评审和审批意见、会议纪要。（B）	1. 提请专家委员会对可行性研究报告和投资风险评估报告进行评审。 2. 编写议案，提请公司总经理常务会审批（党委会前置审议）项目可行性研究报告和投资风险评估报告。 3. 审议通过后，报集团审批。 4. 留存项目评审和审批意见、会议纪要。（B）	1. 采取"一事一议"，主持召开党委会前置审议、总经理常务会议审议可行性研究报告和投资风险评估报告。（A.26）
责任控制	岗位名称	设计管理岗、项目管理岗、规划发展部经理	党委书记、总经理	设计管理岗、规划发展部经理	设计管理岗、规划发展部经理	党委书记、总经理
	岗位责任	1. 对未按工作标准履职行权负直接责任。 2. 视情节轻重，给予第一种形态处理或报上级给予纪律处分。（C）	1. 对未按工作标准履职行权负直接责任。 2. 视情节轻重，给予第一种形态处理或纪律处分。（C）	1. 对未按工作标准履职行权负直接责任。 2. 视情节轻重，给予第一种形态处理或纪律处分。（C）	1. 对未按工作标准履职行权负直接责任。 2. 视情节轻重，给予第一种形态处理或报上级给予纪律处分。（C）	1. 对未按工作标准履职行权负直接责任。 2. 视情节轻重，给予第一种形态处理或报上级给予纪律处分。（C）

★项目验收案例

（一）廉政风险

项目验收资料不全或工程质量不合格随即开展项目验收，为个人或他人谋取利益，造成公司经济损失和不良影响。

（二）责任人员履职要求

1. 熟知国家及集团公司关于项目验收相关政策规章，了解掌握验收管理工作职责。

2. 熟知《国能黄骅港务公司工程建设项目验收管理办法》、《国能黄骅港务公司工程维修项目验收管理办法》等相关制度，了解掌握项目验收管理流程。

（三）防控措施及工作标准

防控措施一：项目主管部门的项目负责人及时准确开展工程建设项目预验收工作。

工作标准：

1. 施工单位自验项目达到验收条件后，向项目主管部门报送《交工申报表》及竣工决算有关资料。

2. 项目主管部门项目负责人收到施工单位预验收交工申请后，应及时对项目进行全面检查，确认具备预验收条件。

3. 审核确认符合工程预验收条件后，项目主管部门项目负责人牵头组建预验收机构，成立各专业小组。各专业小组成员对建设项目分专业全面进行现场检查，填写《预验收专业小组记录表》。预验收机构由负责组织预验收的项目主管部门、施工单位、接管使用部门、项目相关部门组成。项目主管部门自收到预验收申请报告之日起，应在1个月内组织完成预验收。

防控措施二：涉及专项验收的项目，验收管理岗依据要求履行专项验收工作。

工作标准：

1. 涉及安全设施、职业病防护设施、环境保护设施、消防设施、航道通航条件影响评价、海域使用的项目由规划发展部验收管理岗牵头组织安全验收。各项验收工作参照《港口工程建设管理规定》及《河北省建设工程竣工验收备案》执行。

2. 安全设施验收、职业病防护设施验收、环境保护设施验收，由规划发展部验收管理岗起草提请议案，委托具备资质的单位开展验收评价。

3. 消防设施验收由规划发展部验收管理岗完成相关资料的收集、组卷，向消防主管部门提出验收申请审核通过后，取得消防验收意见书（或消防验收备案凭证）。

4. 验收管理岗负责海域专项验收的咨询委托、过程监督、整改和报告审查工作。配合交通主管部门进行日常现场的巡查、核查及报送资料工作。负责验收工作中涉及公司外部协调、审查和报批工作。

防控措施三：验收管理岗审核确认项目符合验收条件后，由验收主管部门牵头成立验收机构开展验收工作。

工作标准：

1. 规划发展部验收管理岗收到项目主管部门的交工验收申请报告后，审核确认申报项目符合交工验收条件。

2. 交工、竣工验收阶段，规划发展部组织成立交工、竣工验收机构。政府审批项目验收机构由港口行政管理部门、质量监督单位、规划发展部、项目主管部门及其他相关部门组成。其他项目验收机构依据项目金额由相应单位组成。

3. 验收机构成员审核项目交工、竣工验收资料，确认合格后填写验收意见并签字，出具《交工验收证书》。

（四）责任追究

责任人员未按工作标准履职行权的，视情节轻重，给予第一种形态处理或纪律处分。

行权 事项		项目验收		
预先 控制	廉政风险	项目验收资料不全或工程质量不合格随即开展项目验收，为个人或他人谋取利益，造成公司经济损失和不良影响。		
	风险控制 前评价	风险值：24（频率 P×程度 S＝4×6）		风险等级：重大 风险
	风险控制 措施	1. 制定《国能黄骅港务公司工程建设项目验收管理办法》（A）、《国能黄骅港务公司工程维修项目验收管理办法》（B），履行项目验收管理流程。 2. 留存项目验收相关资料、会议纪要及交工验收证书等。（C） 3. 根据纪律处分条例、职工违规违纪处理办法、监督执纪第一种形态实施细则等（E），开展责任追究工作。		
	风险控制 后评价	风险值：2（频率 P×程度 S＝1×2）		风险等级： 低风险
流程 控制	工作流程	项目预验收	项目专项验收	项目交工、竣工验收
	工作标准	1. 施工单位自验后，向项目主管部门报送《交工申报表》及竣工决算有关资料。（A.17，B.11） 2. 主管部门项目负责人收到施工单位预验收交工申请后，应及时对项目进行全面检查，确认具备预验收条件。（A.18，B.12） 3. 预验收机构成员对建设项目分专业全面进行现场检查，填写《预验收专业小组记录表》。（C）	1. 涉及安全设施、职业病防护设施、环境保护设施、消防设施、航道通航条件影响评价、海域使用的项目须按要求完成相应的安全验收。（A.11） 2. 安全设施验收、职业病防护设施验收、环境保护设施验收，由规划发展部验收管理岗提请议案，委托具备资质单位开展验收评价。（A.11） 3. 消防设施验收由规划发展部验收管理岗完成相关资料的收集、组卷，向消防主管部门提出验收申请审核通过后，取得消防验收意见书（或消防验收备案凭证）。（A.11） 4. 其他专项验收工作由规划发展部验收管理岗依据法规流程执行。（A.11）	1. 规划发展部验收管理岗收到项目主管部门的交工验收申请报告后，审核确认申报项目符合交工验收条件。（A.27，B.21） 2. 交工、竣工验收阶段，规划发展部组织成立交工、竣工验收机构。（A.27，B.21） 3. 验收机构审核项目交工、竣工验收资料，确认合格后填写验收意见并签字，出具《交工验收证书》。（C）

行权事项	项目验收			
	岗位名称	主管部门项目负责人、预验收机构成员	验收管理岗	验收管理岗、规划发展部经理、验收机构成员
责任控制	岗位责任	1. 对未按工作标准履职行权负直接责任。 2. 视情节轻重，给予第一种形态处理或纪律处分。（E）	1. 对未按工作标准履职行权负直接责任。 2. 视情节轻重，给予第一种形态处理或纪律处分。（E）	1. 对未按工作标准履职行权负直接责任。 2. 视情节轻重，给予第一种形态处理或纪律处分。（E）

后　记

　　践行习近平总书记的重要指示精神，探索创建了风险明确、制度管用、流程规范、措施有力、权责清晰、预警及时的"全周期"一体推进"三不"机制。将一体推进"三不"的经验做法在中国大连高级经理学院面向62家国有企业的学员代表进行了主题报告交流。研究成果《国有企业一体推进"三不"机制设计与实践——国能黄骅港务公司权力运行廉政风险防控实践案例》荣获2022年国家能源集团公司党建思想政研会二等奖。通过机制建设落地实践，形成了《权力运行廉政风险防控手册》，纳入企业管理标准，对102项中高风险行权事项明确了1089项行权标准、870项岗位责任。基于党规党纪和企业管理规章，自主编写、公开出版发行了《国有企业廉洁风险案例500题》警示教育教材。聚焦易发频发廉洁风险点，通过自编、自导、自演创作形成了《廉洁警示微电影合集》，实现了"编中学""拍中思""观中悟"。

　　广大党员、职工主动接受监督的氛围正在形成，守规意识、廉政风险预控意识持续增强。各级人员制度执行力稳步提升，遇事找依据、做事讲效率、办事求质量的履责习惯逐步养成，共同努力取得了一系列喜人的成绩。化风成俗，营造了干事创业的良好氛围、涵养了风清气正的政治生态。

　　近年来，国能黄骅港务公司（以下简称公司）成为国内首个实现全流程智能化作业的煤炭港口、首个 3A 级工业旅游景区港口、首个获得"中华环境优秀奖""五星级绿色港口"荣誉称号和获批成为"国家交通运输科普基地"的专业化干散货港口。公司绿色发展成果荣获亚太港口服务组织（APSN）"亚太绿色港口"荣誉称号，《以绿色发展为导向的煤炭港口全流程智能化建设与运营》荣获第二十八届全国企业管理现代化创新成果二等奖，《创新驱动的绿色煤炭港口全流程智能化建设与管理实践》荣获中国企业改革发展峰会"2021 中国企业改革发展优秀成果"三等奖。公司连续获得"全国最佳企业诚信案例"荣誉称号，被评选为"2021 年度新时代党建＋企业文化先进单位"，荣获国家能源集团首届文明单位标兵称号。两部微电影作品分获全国职工微电影节暨第四届"能源中国"微电影节二、三等奖，并入围第九届亚洲微电影节。

公司连续 4 年煤炭下水量居全国港口首位，充分发挥了骨干央企能源保供"压舱石"和"稳定器"作用。中国港口协会发布数据显示，公司全员劳动生产率和人均净利润在我国港口行业均排名第一。公司连续获得国家能源集团经营业绩、党建工作责任考核双 A，创一流工作平稳推进并获得国家能源集团高度肯定，将公司作为首批创建世界一流示范企业标杆企业进行推广。

公司将深入学习贯彻习近平新时代中国特色社会主义思想和党的二十大精神，坚持高质量发展总要求，坚持稳中求进工作总基调，持续深化一体推进"三不"机制建设，以高度的政治自觉和实干的奋进姿态交出一份无愧于党、无愧于时代的高质量发展答卷！

公司所属职工井庆华、袁潜明、卢娜娜、赵君、司筱萌、管清军、安军义、郭超凤、赵润泽、董增锁、陈斌、李思、张有超、陈永航、和欢、司艳霞、唐玲玉、郭春林、高洪增、王立松、李晶、霍占峰、周倩炜、宫雪、衷计洪、李建楼、刘超（设备）、贾宁、梁秀忠、刘超（工程）、张晓娜、刘广奎、马明轩、白洪义、孙营宽、赵海霞、刘军、刘鹏、王华、于俊清、李琦轩、林进科、纪海龙、李景玺、刘志楠、孙立伟、梁勤蒲、周泉霞、李冬、安静、唐艳、刘永昌、林科、许童童、迟玉领、李增林、翟广锋、倪帅、王胜、刘婕、王俊秀、陆江、曹森奎、葛平梅、宋喜福、朱俊旭、王银环、刘超（企管）、尹晓芳、陈曦、江辉、李承猛等，在素材整理、案例总结等方面付出了辛勤劳动、发挥了重要作用。本书的出版得到了有关单位和专家学者，以及公司所属各直属党组织和相关部门的大力支持和配合，在此一并表示衷心感谢！

  限于作者水平，书中的问题和不足在所难免，敬请批评指正。